Heike Wendler

Mopsfidel auf Gottes schöner Erde

Himmlische Tierkinder-Geschichten

Heike Wendler

Mopsfidel auf Gottes schöner Erde

Himmlische Tierkinder-Geschichten

benno

Bibliografische Information der Deutschen Nationalbibliothek
Die Deutsche Nationalbibliothek verzeichnet diese Publikation in der Deutschen Nationalbibliografie; detaillierte bibliografische Daten sind im Internet unter http://dnb.d-nb.de abrufbar.

ISBN 978-3-7462-4988-9
St. Benno Verlag GmbH, Leipzig
Umschlaggestaltung: Ulrike Vetter, Leipzig
Gesamtherstellung: Kontext, Lemsel (A)

Inhalt

Theos Klosterlämmer

Der Urlaub war lange geplant, nun war es fast so weit. Henriette Seebach erinnerte sich noch gut an die Sommerferien ihrer Kindheit. Damals, so hatte sie ihren eigenen Kindern Max und Mathilda oft vorgeschwärmt, war sie jedes Jahr mit ihren Großeltern nach Thüringen gefahren. In einen kleinen Ort mitten in den Bergen.
„Und jedes Jahr hatten die Bergmanns, so hieß die Familie, bei der wir eine Ferienwohnung gemietet hatten, eine neue Überraschung für uns. Entweder hatten sie am Haus etwas umgebaut oder neue Tiere aufgenommen, es war immer total spannend! Und gleich nebenan ist ein altes Kloster; das fand ich immer sehr geheimnisvoll." Wehmütig dachte Henriette zurück. Ihre Großeltern waren leider schon in ihrer Kindheit verstorben, doch die Erinnerung an die schönen Ferien hatte sich tief in ihr Gedächtnis eingegraben. So tief, dass sie ihren eigenen Kindern und auch ihrem Mann immer davon vorgeschwärmt hatte. Deshalb hatte Roland in stiller Übereinkunft mit den Kindern beschlossen, die diesjährigen Herbstferien nicht in Österreich beim Wandern, sondern in Thüringen zu verbringen. Und präsentiert hatten sie Henriette, die von allen eigentlich nur Jette genannt wurde, diese Entscheidung passenderweise am Muttertag. Die Überraschung war ihrer Familie so gelungen, dass selbst Max, mit seinen 14 Jahren mitten im pubertären Flegelalter, sich ein Lächeln und ein Küsschen abgerungen hatte. Mathilda, gerade sechs geworden, quietschte vor Begeisterung. „Oh ja, da sind ganz viele Tiere, stimmt's?" Wie die meisten Kinder ihres Alters war sie verrückt nach allem, was ein kuscheliges Fell und idealerweise vier Pfoten hatte.

Als es endlich losging, war es noch stockfinster. Gegen Mittag steuerte Roland dann die Familienkutsche den steilen Feldweg nach oben.
„Straßen hatten die damals schon keine richtigen!", lachte Henriette und staunte, wie viel sich in den letzten zwanzig Jahren doch verändert hatte. Als sie dann vor dem Haus der Bergmanns anhielten, klopfte ihr Herz gewaltig.
„Jette!", wurde sie freudig empfangen. Die alte Dame, die sich die grauen Strähnen aus dem geröteten Gesicht schob, kam ihr aufgeregt entgegengelaufen. Unschwer erkannte Henriette in ihr Renate Bergmann.
„Oh, darf ich denn überhaupt noch Jette sagen?", fragte sie, nachdem sie Henriette um den Hals gefallen war. Die konnte vor Rührung nur nicken.
„Coole Garage!", stellte Max fest. Mathilda hatte schon den Garten entdeckt und mit ihm die Überraschung, die Renate Bergmann nun Henriette präsentierte.
„Wir haben nach fünfundzwanzig Jahren wieder Schafe!", erklärte sie stolz. Henriettes Gesicht verfinsterte sich etwas. Sie hatte wunderbare Erinnerungen an den Dackel Waldi, an diverse Katzen und an süße, quiekende Schweinchen, die Theo Bergmann mal gezüchtet hatte. Aber Schafe? Da wurde ihr etwas flau im Magen.
„Oh, Mama, guck doch mal, sind die nicht süß? Und so kuschelig!" Mathildas Stimme überschlug sich fast vor Begeisterung. „Bitte, darf ich sie streicheln?"
Renate Bergmann lachte, nun kam auch ihr Mann Theo hinzu.
„Jette, mein Kind, schön, dass wir uns endlich wiedersehen!", freute er sich. Henriette schluckte, als ihr aufging, dass die Bergmanns noch älter waren als ihre eigenen Eltern; sie schätzte die beiden auf mindestens Ende Siebzig. Aber sie waren noch rüstig, ihr Haus und die Tiere schienen sie nicht zu überfordern.
Theo streckte Mathilda die Hand hin. „Darf ich bitten, junge

Dame?“ Kichernd griff sie seine Hand und schlenderte mit ihm Richtung Schafgehege. Henriette sah den beiden schmunzelnd nach. Sie erinnerte sich genau – früher war sie an Theos Hand in den Garten gelaufen und hatte sich von ihm alles über die Tiere erklären lassen. Er liebte seine Tiere und den Wald, das spürte man sofort.
„Silke und ihre Familie sind nun just mit ihren Kindern auch in die Ferien gefahren, an die Ostsee!“, erklärte ihr Renate Bergmann bedauernd. „Sie hat Zwillinge, zwölf Jahre alt, zwei großartige Jungs!“
Silke, so erinnerte sich Henriette, war zwei oder drei Jahre älter als sie selbst.
„Martin und Georg sind ganz traurig, weil sie nun wahrscheinlich die Geburt der Lämmchen verpassen!“, hörte Henriette ihre Gastgeberin sagen.
„Lämmchen?“, fragte Max. Seine Miene hellte sich sichtlich auf. Auch wenn er noch etwas Zeit hatte, was die Berufswahl anging, so tendierte er nun schon seit geraumer Zeit zu Tiermedizin. „Echt jetzt?“, hakte er nach. „Kriegen die wirklich jetzt bald Junge?“
Theo Bergmann lächelte. „Ja, junger Mann, kleine Merinoschafe. Es kann praktisch jeden Moment so weit sein. Der Tierarzt ist in Bereitschaft und wir sind es auch. Ich kann dir also eine aufregende Woche versprechen.“
Während ihre Familie sich für die Merinoschafe begeisterte, bedachte Henriette sie von der Terrasse aus mit einem skeptischen Blick. Sie erinnerte sich wieder! Damals, als Silke versehentlich das Gatter aufgelassen hatte! Einer der Böcke hatte die Chance genutzt und war ausgebüxt und stand, ohne dass sie es mitbekommen hatte, auf einmal blökend neben ihr. Sie war so erschrocken, dass sie ohne nachzudenken weggerannt war, und der blöde Bock immer hinter ihr her. Am Ende war sie keuchend und schreiend ins Haus gelaufen und ihre Großeltern

hatte ihre liebe Not für den Rest des Urlaubs mit ihr gehabt, denn sie hatte sich standhaft geweigert, auch nur noch einen Fuß in den Garten zu setzen. Als dann die Schafe im Jahr darauf verschwunden waren, sie erinnert sich dunkel, dass Theo was von einer Seuche erzählt hatte, war sie gar nicht so böse darüber gewesen.

Die Schafe eroberten schnell die Herzen der Kinder. Max, der um nichts in der Welt die Geburt der Lämmchen verpassen wollte, ließ das Gatter ohnehin nicht aus den Augen, und Mathilda wurde nicht müde, die Schafe zu streicheln. Selbst Roland, der sich bislang höchstens mal hatte für Lammbraten erwärmen können, schwor demselben angesichts der kuschelweichen Merinoschafe ab. „Ich erinnere dich dann zu Hause daran!“, stichelte Henriette. Die Schafe rannten immerhin nicht frei im Garten herum, deshalb traute sie sich auch auf die Hollywoodschaukel. Von dort aus, mit einem spannenden Buch in der Hand, fand sogar sie die Schafe niedlich.
Dank seines Smartphones wusste Max inzwischen jede Menge über Schafzucht. Theo war sichtlich beeindruckt. „Du hast dich wohl informiert!“, stellte er anerkennend fest und entlockte Henriette damit ein Schmunzeln. Von Google hatte Theo vermutlich noch nie gehört, aber sei es drum, die beiden hatten ihren Spaß. Der nahm am späten Nachmittag ein jähes Ende.
„Da braut sich was zusammen!“ Renate Bergmann zeigte Richtung Osten. „Und aus der Richtung kommt’s meist heftig!“ Henriette erinnerte sich an die heftigen Gewitter in den Bergen.

Gut, dass ihre Kinder da nicht so ängstlich waren. Es dauerte auch nicht lange, da frischte der Wind auf. Theo wurde immer unruhiger, wie Henriette feststellte.

„Das Dach vom Stall ist recht wacklig, wir hatten mit der Renovierung vor Silkes Urlaub angefangen und dachten, auf die eine Woche kommt es nun nicht an. So ein Mist aber auch!", brummte er. Dann ging es Schlag auf Schlag. Es zogen immer mehr Wolken auf, der Wind verwandelte sich in einen handfesten Sturm, dazu begann es wie aus Eimern zu schütten. Es war fast stockfinster geworden, so sehr verdunkelten die Wolken den Himmel.

„Die Schafe können nicht draußen bleiben!", stellte Roland fest und bot Theo spontan an, ihm beim Reintreiben der kleinen Herde zu helfen. Die neun Tiere blökten und wurden immer unruhiger.

„Wir haben einen Deal mit dem alten Kloster dort drüben!", brummte Theo. „Ich hatte zwar gehofft, dass es nicht nötig wäre, aber wir dürfen die alten Ställe dort benutzen, wenn es hier bei uns eng wird. Und es sieht wohl so aus, als würde es eng werden!"

„Die Telefonleitung ist tot!", rief Renate gegen den Sturm an. Sie hatte die Kinder und Henriette mit Regenjacken ausstaffiert und mühte sich nun, die aus dem Verschlag entwischten Hühner einzufangen.

„Hilf ihr mal!", rief Henriette Max zu, doch der zeigte aufgeregt auf die Zibbe.

„Ich bleibe lieber bei ihr, kann Mathilda nicht ...?"

Als ob ihre Tochter nur auf ein Stichwort gewartete hatte, nickte sie und rannte Renate hinterher. Henriette gab Theo ein Zeichen, dass sie schnell mit dem Wagen ins Kloster fahren und dort Bescheid geben wolle. Er nickte ihr dankbar zu. Henriette jagte los und war zum ersten Mal heilfroh, dass sich Roland ihr gegenüber durchgesetzt hatte, als es um die Anschaffung des Wagens ging. Allrad, geländetauglich, das war genau das, was sie jetzt brauchte. In wenigen Minuten stoppte sie vor dem Kloster und steuerte ihren Wagen dann vorsichtig in den alten Innenhof. Auch wenn das Kloster aus dem Mittelalter stammte und nicht den Eindruck erweckte, als hätte man es innerhalb der letzten hundert Jahre grundsaniert, so flößten ihr die alten Mauern augenblicklich Vertrauen ein.

„Kann ich helfen?" Henriette war zwar ausgestiegen, hatte aber niemanden kommen hören. Sie brauchte einen Moment, bis sie erkannte, dass vor ihr eine Nonne in Tracht stand. Ihr Habit war triefend nass. Henriette erklärte ihr schnell, worum es ging.

„Oh, ich weiß! Die Bergmanns haben mit mir alles abgesprochen. Ich war gerade hier nach dem Rechten sehen, als es losging. Unsere Ställe sind noch ganz gut in Schuss. Kommen Sie, wir sind zu zweit hier!" Sie drängte Henriette in Richtung Stall. Schon auf den ersten Blick sah Henriette, dass hier mehr als genug Platz war für die kleine Schafherde. Und das Dach war zumindest dicht.

„Die Stallungen werden seit Jahren nicht mehr genutzt, wir bewirtschaften nur das Kloster in Zella und so viele Benediktinerinnen sind wir dort auch nicht. Hier passen wir nur auf, dass die Schäden nicht größer werden. Sonst helfen uns die Nachbarn, wie die Bergmanns! Schön, dass wir nun etwas zurückgeben können! Ich bin übrigens Schwester Agnes."

Schwester Agnes bat Henriette, wieder zurückzufahren, ehe das Unwetter direkt über ihnen ankäme. Eine gute Viertelstunde später konnte Henriette feststellen, dass die Männer die Schafe bereits zusammengetrieben hatten, nur das Verladen war eine Kunst.

„Zum Glück kann dein Roland so einen großen Wagen auch fahren!", zeigte sich Renate erleichtert. Sie hatte inzwischen mit Mathildas Hilfe die Hühner wieder eingefangen. Staunend schaute Henriette zu, wie Roland Theo zur Hand ging und dann

gemeinsam mit ihm den Viehtransporter bestieg. „Sonst fährt doch Silke oder ihr Mann das Ding immer!“, stöhnte Renate. „Da sind die Kinder einmal nicht da!“
„Komm!“, forderte Henriette Renate auf. „Und ihr kommt auch!“, versuchte sie gegen den Sturm anzubrüllen und Mathilda und Max zum Einsteigen zu bewegen. Ihren Kindern musste sie das nicht zwei Mal sagen, kaum im Auto, trieb Max seine Mutter zur Eile an. „Ich glaube die Geburt steht kurz bevor! Der Theo hat so was gesagt und so viel Aufregung ist für ein Mutterschaf gar nicht gut!“
Henriette verkniff sich eine Bemerkung und konzentrierte sich auf den Regen, der erbarmungslos gegen die Frontscheibe prasselte. Als sie das alte Kloster erreicht hatte, zuckte ein Blitz vom Himmel. Der darauffolgende Donner ging ihr durch Mark und Bein.
„Es geht los!“, empfing sie Roland im Stall. Die beiden Benediktinerinnen unterstützten Theo, wo sie konnten, doch ausgebildete Tierärzte waren sie natürlich auch nicht. Während Max sich zu Theo und den Tieren gesellte, versuchte Roland, irgendwo Handyempfang zu bekommen, erfolglos.
Während draußen die Blitze einschlugen und Renate in aller Seelenruhe selbstgemachten Most aus einer mitgebrachten Flasche verteilte, erblickten zwei Lämmchen das Licht der Welt. Als sie ihr erstes klägliches „Mäh“ von sich gaben, kamen sogar Henriette die Tränen.
„Sie sind so süß und klein!“, hauchte Mathilda. Und auch wenn Henriette bis vor ein paar Stunden noch so ihre Vorbehalte gegenüber den Schafen gehegt hatte, nun war sie ganz bei ihnen angekommen. „Die Ärmste!“, murmelte sie und warf dem Mutterschaft einen liebevollen Blick

zu. „Erst das Unwetter, und nun musst du deine Lämmchen auch noch in einem fremden Stall bekommen!"
„Ach, euch hat wirklich der Himmel geschickt!", seufzte Renate und drückte sie ganz fest. „Allein hätten Theo und ich das nicht mehr hingekriegt!"
Auch wenn sich Henriette geschmeichelt fühlte, so ganz sicher war sie sich da nicht.

Zum Glück sah die Welt am nächsten Morgen wieder hell und freundlich aus. An das Unwetter erinnerten nur noch ein paar Pfützen. Renate lud die beiden Schwestern zu einem ausgiebigen Frühstück ein, während Mathilda und Max ihre Blicke nicht von den beiden Lämmchen wenden konnten. Und als Henriette sich dann auch endlich traute, ihnen über die kuschligen Köpfchen zu streicheln, ahnte sie auch, warum.
„Sie sind so weich und zart – unglaublich!", sagte sie. Die Herde indes hatte die beiden schon angenommen und blökte fröhlich auf der Weide vor sich hin.
„Ja, das Leben findet immer einen Weg, selbst bei Nacht und Unwetter!", stellte Renate fest. „Und du? Hast du nun immer noch Angst vor den Schafen?", fragte sie. Henriette lächelte. „Nein, nun nicht mehr!"
„Na, dann hat es ja wenigstens etwas gebracht!", brummte die alte Dame, und Henriette nahm sich fest vor, den Kontakt nun nicht wieder so lange ruhen zu lassen.

Langohr Purzel

„Aber ich bin doch schon alt genug!“ Felicitas sah mich treuherzig an und wie so oft wusste ich nicht, was ich dazu sagen sollte. Sie war sieben Jahre alt! Das war für mich noch lange nicht ‚alt genug‘ um die Verantwortung für ein Haustier zu übernehmen. Aber was wusste ich schon! Ich war ja schon fast vierzig, für so einen Dreikäsehoch biblisch alt. Und daran, dass ich meinen Eltern früher damit hätte nicht kommen dürfen, erinnerte sich meine Mutter leider heute nicht mehr! Auch nicht hilfreich, denn sie redete Felicitas tapfer ein, dass so ein kleiner Hase für sie perfekt wäre.

„So ein kleines Kaninchen ist total niedlich, kuschelig und super-praktisch in der Haltung!“, schwärmte Mama. Und am allerliebsten schwärmte sie unpassenderweise dann, wenn Felicitas dabei war. Kein Wunder, dass unsere Kleine das Thema jeden Tag auf den Tisch brachte. Hendrik, mein Mann, war schon fast so weit, meiner Mutter ein Zwergkaninchen zu kaufen, damit endlich Ruhe herrschte.

„Aber alle anderen haben auch ein Haustier!“, hielt uns Felicitas abends wieder vor. „Die Sina hat einen Hund! Und die Marita eine Katze! Überhaupt haben die allermeisten einen Hund! Mama, ich will auch einen!“

„Auf keinen Fall!“, rutschte es mir heraus und Felicitas guckte mich erschrocken an. „Nein, Schatz, ehrlich, das ist keine gute Idee!“, blieb ich jedoch ungewohnt hart. Hendrik und ich versuchten wirklich alles, um ihr die besten Voraussetzungen zu geben, die sie im Leben haben konnte, ohne sie zu verziehen. Und oft genug gaben wir nach, wo vielleicht ein bisschen mehr Konsequenz nötig gewesen wäre. Doch beim Thema Haustier konnte sie mich nicht um den Finger wickeln. Im Geiste sah ich mich nämlich schon jeden Sommer mit Mann, Kind und Hund in der Ferienwohnung an der Ostsee sitzen, wahlweise in Österreich auf der Alm, von wegen hundetauglicher Urlaub. „Weißt du, ein Hund ist schon sehr aufwendig in der Haltung!", versuchte ich meiner Tochter liebevoll zu erklären. „Er muss fünf Mal am Tag raus, auch wenn es regnet und wenn es kalt ist! Auch im Dunkeln, abends und ganz früh. Und dafür bist du nun wirklich noch zu klein. Glaub mir, Papa und ich mögen morgens auch nicht früher aufstehen, nur um mit dem Hund eine Runde um den Block zu gehen!"

Felicitas guckte mich skeptisch an und holte tief Luft. Ehe sie zu einer Antwort ansetzen konnte, fuhr ich fort: „Und hatten wir nicht gesagt, dass wir in den Ferien mal nach Disneyland fahren wollen? Ich weiß nicht, ob Hunde da hineindürfen!", flunkerte ich einfach. Da ich mich aber an meine eigene Erziehungsregel ‚Immer die Wahrheit sagen' erinnerte, fügte ich sicherheitshalber hinzu: „Und selbst wenn, in ein Hotel dürfen sie meist nicht! Auch nicht in ein Flugzeug! Die müssen dann im Flieger in einer Box sitzen, bei den Koffern, das ist nicht schön, glaub mir, das wollen wir nicht!"

Ich sah meiner Tochter an der Nasenspitze an, wie es in ihr arbeitete. „Hierlassen geht auch nicht, denn wir kennen niemanden, der bereit ist, fünf Mal am Tag spazieren zu gehen, nicht mal Oma!"

Inzwischen war Hendrik dazugekommen und nickte zustimmend. „Und denk jetzt aber nicht, dass das mit einer Katze leichter wäre!", fügte er hinzu und übernahm es, Felicitas die Nachteile einer Katze aufzuzählen. „Und Opa hat eine Katzenhaarallergie!", ergänzte ich.

Wir hatten Felicitas jedenfalls so beeindruckt, dass sie die nächsten drei Tage keinen Ton mehr zu dem Thema sagte. Erst dann rückte sie mit der Sprache raus.

„Ich war mit der Sina und ihrer Mama im Einkaufszentrum, und da ist doch dieser Tierladen!“, fing sie an, und ich ahnte es schon. Ein kleines Kaninchen hatte es ihr angetan.
„Schön, schauen wir uns das Tierchen mal an!“, gab ich nach. Damit war für Felicitas die Sache klar. Sofort rief sie ihre Oma an: „Wir fahren jetzt los und kaufen den Purzel!“, verkündete sie. Aha, einen Namen hatte sie also auch schon ausgesucht.
„Da muss sie wohl was missverstanden haben!“, raunte ich meinem Mann zu. Es war Samstagvormittag und wir hatten ohnehin vor, einkaufen zu fahren. Warum nicht also ins Einkaufszentrum, einen Supermarkt für Lebensmittel gab es dort auch. Als wir im Tierladen eintrafen, hoffte ich zwar kurz, dass besagter Purzel schon vergeben war, doch dem war nicht so. Und als ich Purzel zum ersten Mal sah, war ich ebenso hin und weg wie Felicitas.
„Mein Gott, ist der drollig!“, entfuhr es mir. Selbst Hendrik nickte andächtig, als der Verkäufer den kleinen Kerl einfing und ihn Felicitas auf den Arm gab.
„Der ist so niedlich, Mama!“, hauchte sie. Ich konnte nur nicken, selbst mein Mann fand keine Widerworte.
„Der ist noch richtig klein, erst zwölf Wochen alt!“, erklärte uns der Verkäufer weiter.

„Ist das nicht zu früh, um sie von der Mutter zu trennen?“, hakte Hendrik ein, doch der Verkäufer schüttelte den Kopf. „Nein, die bleiben in der Regel nur neun Wochen zusammen, danach ist es völlig in Ordnung. Und bei dem Züchter läuft auch alles vorschriftsmäßig, da müssen Sie keine Angst haben! Ich

kenne ihn seit Jahren, er hält sich an alle Vorgaben und hat immer das Wohl seiner Tiere im Blick!", versicherte er uns.
Das hoffte ich auch. Ich kannte mich mit Tieren zwar nicht so aus, aber mir war es wichtig, Tiere gut zu behandeln. Natürlich reichte ein Anruf bei meiner Mutter, um den Rest zu klären, sie hatte die Grundausstattung längst parat. „Ich habe mich von Frau Sonnenberg beraten lassen, die kennst du doch! Die sitzt beim Gottesdienst immer in der dritten Reihe", erklärte sie mir eifrig.

Zuhause angekommen kuschelten Felicitas und ich abwechselnd mit Purzel. Der kleine Kerl hatte so weiches hellbraunes Fell, der lud einfach zum Streicheln ein. Dazu die dunkelbraunen Knopfaugen! Und erst die kleine rosige Zunge! Dazu schnüffelte er in einer Tour, es war wirklich süß, und Felicitas war völlig selig.
Als Hendrik dann den kleinen Stall eingerichtet hatte, so richtig mit Versteck und Schlafplatz, durfte Purzel auch einziehen.
„Er braucht aber viel Auslauf!", erklärte uns Mama, die natürlich mitgekommen war, um das neue Familienmitglied zu begrüßen. „Egal wie groß der Stall ist, eine wirklich artgerechte Haltung ist in einer Wohnung kaum möglich, schließlich knabbern Kaninchen gern und buddeln zudem draußen in freier Wildbahn irre viele Löcher!"
„Aber Isolde!", mahnte Hendrik. „Dieses Mini-Kaninchen ist gerade mal ein paar Wochen alt und ich schätze, selbst von seinen Vorfahren hat seit Generationen keiner mehr in freier Wildbahn gelebt. Aber mach dir keine Sorgen, der Zwerg darf durch die Wohnung toben!"
Und das tat Purzel auch. Kaum hatte Felicitas ihn auf die Erde gesetzt, trat er die Flucht an. Zunächst unter einen Schrank, dann unters Bett, überhaupt schien Purzel dunkle, enge Orte zu bevorzugen, denn er tastete sich meist hinter und unter irgend-

welchen Möbelstücken durch die Wohnung. Sehr zum Verdruss von Felicitas, die ihn dabei natürlich nicht beobachten konnte. Und ich wollte mir gar nicht vorstellen, was für Hinterlassenschaften ich vorfinden würde, falls ich jemals die Anrichte zur Seite stemmen würde. Allerdings fiel mir schon nach ein paar Tagen auf, dass ich überall in der Wohnung Krümel und Sägespäne vorfand.

„Der knabbert vermutlich dahinten irgendwo dran rum!", fasste Hendrik meine Befürchtungen in Worte. „Vielleicht sollten wir seinen Auslauf einschränken?" Natürlich protestierte Felicitas sofort, sie sah das Wohl ihres kleinen Hausgenossen in Gefahr. „Er soll es doch guthaben! Und ich mag auch nicht eingesperrt werden!"

„Aber das ist doch etwas ganz anderes!", versuchte Hendrik ihr zu erklären.

Zähneknirschend und natürlich, weil Hendrik ein guter Papa ist, gab er nach, und ich hetzte weiter mit Lappen und Staubsauger durch die Wohnung.

Bevor Purzel bei uns einzog, war es abends meine schwierigste Aufgabe gewesen, mein Töchterchen ins Bett zu bekommen. Das war jedoch ein Kinderspiel dagegen, ein Kaninchen einzufangen. Allerdings sorgte Purzel mit seinem Durch-die-Wohnung-Rennen dafür, dass wir drei uns abends gut und gerne eine halbe Stunde miteinander beschäftigten. Denn ungefähr so lange dauerte es, ihn wieder in seinen Stall zu bringen. Und auch wenn ich mir das am Anfang nicht vorstellen konnte, so wurde diese halbe Stunde schnell zum Familienritual, das gern auch mal durch eine Kissenschlacht unterbrochen wurde. Ich ertappte mich sogar dabei, wie ich mich beim Heimkommen schon darauf freute, Purzel irgendwo herumtippeln zu hören. Seine kleinen Pfoten machten diese speziellen Geräusche auf dem Parkett. Felicitas war gut beschäftigt und versuchte tatsächlich, das Zwergkaninchen zu erziehen. Aber auch sonst war sie verantwortungsbewusster, als ich ihr zugetraut hätte! Beim Einkaufen fragte sie immer, ob auch Futter für Purzel auf dem Einkaufszettel stand, und sie schrubbte eigenhändig Möhren für ihren kleinen Schatz. Die verdrückte er liebend gern und in einer erstaunlichen Geschwindigkeit. Dabei sah ich inzwischen fast drüber hinweg, dass Purzel nach wie vor alles anknabberte. Zumindest bis zu diesem Abend. Hendrik hatte sich ins Wohnzimmer verzogen, Fußball! Also spielte ich allein mit Felicitas „Wer fängt den Purzel". Wir waren noch nicht wirklich weit gekommen, als ich Hendrik im Wohnzimmer umherpoltern hörte. „Blödes Kaninchen, alles anfressen, so ein Mist aber auch!", fluchte er. Auch wenn er das verhältnismäßig leise tat, wir hörten es trotzdem.

„Purzel ist nicht blöd!", protestierte Felicitas prompt und versuchte sichtlich beleidigt, Purzel hinter ihrer Kommode hervorzulocken. Da das Poltern zunahm, so sehr, dass Purzel erschreckt seine Nase hervorsteckte und Felicitas ihn so rasch zu fassen bekam, sah ich sicherheitshalber nach. Ich entdeckte meinen Mann auf allen vieren durchs Wohnzimmer kriechend, immer an der Wandleiste entlang. „Das Kabel anknabbern, als ob er nichts zu fressen bekommt", brummte er. „Ausgerechnet zur Champions League!"

Das klang nach Ärger! Hendrik hatte wirklich nicht viele Hobbys, aber wenn seine Bayern aufliefen, verstand er keinen Spaß!

„Der Fernseher geht nicht!", brummte er. „Purzel hat wohl das Kabel angefressen, ich finde nur die Stelle nicht!" Er brummte suchend auf allen vieren weiter, und ich überlegte fieberhaft. Hendrik war ein toller Mann, aber ein Elektriker war er nicht. Wenn er sich jetzt an den Leitungen vergriff, nun ja, keine gute Idee, beschloss ich.

„Warum gehst du nicht ins Arbeitszimmer und siehst dir das Spiel dort auf dem Computer an?“, schlug ich vor. „Das ist vielleicht nicht so gemütlich wie hier und nicht so groß, aber du hast schon die erste Viertelstunde verpasst!“
Dieser Hinweis auf die Zeit reichte aus, er erhob sich brummend und verzog sich ins Gästezimmer. Nicht ohne Purzel Konsequenzen anzudrohen.
„Lass mal“, beruhigte ich mein Kind und nahm Purzel vorsichtig auf den Arm. „Wir haben die Wohnung so sicher wie möglich gemacht, Purzel passiert schon nichts!“
Ich besah ihn mir trotzdem so gründlich wie möglich, aber er verhielt sich völlig normal. Ich hatte ja auch inzwischen überall kleine Knabberköder ausgelegt, die er nach Herzenslust zerschreddern konnte mit seinen kleinen Zähnchen. Eigentlich war ich mir sicher, so das unkontrollierte Anknabbern von Möbeln, Teppichkanten und anderen Dingen, die nicht gut für ihn waren, im Griff zu haben. Ich schickte Felicitas ins Bett, der Rest würde sich finden.
Und das tat er auch, denn mein Mann war nicht nur gründlich in allem, was er tat, sondern auch hartnäckig. Fußballgucken am Schreibtisch machte ihn zumindest weniger glücklich als im Wohnzimmer vom gemütlichen Fernsehsessel aus. Deshalb machte er sich in der Halbzeit erneut an die Fehlersuche, und ich verkniff mir die Frage, was er eigentlich zu tun gedachte, wenn er die beschädigte Stelle finden sollte. Doch dazu kam es gar nicht, denn hinter dem Vertiko gleich neben der Tür fand sich der Fehler.
„Der Stecker steckt nicht in der Steckdose!“, stellte Hendrik entgeistert fest und hielt mir das Ende unter die Nase. „Hier, sieh mal!“
Und da fiel es uns beiden wieder ein!
„Ich Idiot!“, brummte Hendrik kopfschüttelnd. „Ich habe doch vorhin staubgesaugt! Hier, von der Steckdose aus!“

Ich verkniff mir jeden Kommentar, aber Felicitas, die sein Treiben genau beobachtete, obwohl ich sie immer wieder ermahnte, ins Bett zu gehen, hatte es natürlich gehört und ließ die falschen Anschuldigungen nicht auf Purzel sitzen.
„Es tut mir leid, Purzel", verkündete Hendrik deshalb auch direkt vor Purzels Stall und steckte ihm eine dicke Möhre hinein. „Hier, mein Friedensangebot. Du die Möhre, ich jetzt weiter Fußball, ja?"
Felicitas und ich kicherten leise, doch Purzel ließ sich davon kein bisschen beeindrucken und machte sich über seine Möhre her!

Der Fuchs geht um

„Nein, ich will nicht mehr!“, hörte Johannes seine Tante ins Telefon schniefen. Sie war völlig aufgelöst. „Schon wieder hat der Fuchs zwei Hühner geholt! Nein, ich mach das nicht mehr mit! Ich bin schließlich auch nicht mehr die Jüngste! Zum Glück hat er die Küken nicht gekriegt!“
Johannes hörte, wie aufgeregt sie war. „Bitte, beruhige dich, ich komme nachher rüber!“, versprach er deshalb. Käthe Weichbrodt war etwas über siebzig und seine Lieblingstante. Alle im Dorf kannten und liebten die gutmütige Rentnerin, die vor ihrer Pensionierung fast vierzig Jahre als Krankenschwester gearbeitet hatte. Sie war nicht nur für ihren grandiosen Schokokuchen, sondern auch für ihren Eiersalat über die Dorfgrenzen hinaus bekannt. Schon als er noch ein Kind war, hatte Tante Käthe jedes Familienereignis damit versorgt, selbst die drei Pfarrer, die er inzwischen erlebt hatte, konnten sich ihr und ihren kulinarischen Künsten nicht entziehen. Pfarrer Kelvin, der ihn in seiner Kindheit begleitet und in ihm den Wunsch geweckt hatte, später auch mal ‚irgendwas mit Kirche‘ zu machen, konnte schon nicht genug kriegen von Tante Käthes Eiersalat. „Am liebsten morgens, mittags und abends!“, hatte er immer gelacht, Johannes klang das immer noch in den Ohren. Später kam für eine kurze Zeit Pfarrer Tönjes zu ihnen, aus dem platten Norden. Auch ihn konnte Tante Käthe mit ihren Köstlichkeiten spielend für sich gewinnen. Auch wenn er nicht lange blieb, sondern zu weiteren Studien nach Rom ging, hatte er Käthe nicht vergessen. Stolz zeigte sie an jedem Weihnachtsfest seine Karte in der Gemeinde herum. Sie revanchierte sich mit einem Carepaket zu seinem Geburtstag, schließlich musste sie ihn doch regelmäßig

daran erinnern, was er an ihr und der Gemeinde gehabt hatte. Der jetzige Pfarrer Zirbel hatte auch schnell gelernt, dass man kulinarisch nicht an Tante Käthe vorbeikam. Und für die bereits am Horizont erkennbaren Weihnachtsfeiertage war es undenkbar, dass Tante Käthe ihre Hühnerzucht aufgab, schließlich hatte sie immer gesagt, dass es dann auch aus war mit Kochen und Backen.

„Also, nicht aufregen!“, beschwor Johannes seine Tante und überlegte fieberhaft, was er tun könnte, um das Drama zu verhindern. Denn dass sie ohne ihre geliebten Hühner kreuzunglücklich sein würde, daran hegte er keinen Zweifel.

Doch bevor sich Johannes um seine Tante kümmern konnte, warteten erst einmal ein paar Patienten auf ihn. Als Veterinärmediziner war er für alle möglichen Tiere auf dem Land zuständig, zudem engagierte er sich seit Jahren als ehrenamtlicher Küster in der Gemeinde. In dieser Funktion teilte er auch die Ministranten ein. Deren Einsatzplan galt es auch noch in der Sakristei aufzuhängen. Gut, dachte er, dass seine Frau Heidrun gerade mit Greta, ihrer vierjährigen Tochter, zur Mutter-Kind-Kur war. An der Nordsee ließen sie es sich gut gehen. Sie telefonierten jeden Abend, und auch sonst hatte er häufig sein Handy in der Hand, um Heidrun fix ein paar nette Worte zu schreiben. Sie fehlte ihm mehr, als er geahnt hatte.

Als sich Johannes am späten Nachmittag um den Hühnerstall kümmerte, war Tante Käthe noch immer todunglücklich. „Ich mochte die beiden Hennen!“, sagte sie. „Ich hatte wirklich überlegt, ob ich die Hühnerzucht erweitern soll, weil die Eier ja jetzt schon immer knapp werden. Aber so? Nein, ich glaube, ich lass das lieber! Wenn der Fuchs sich dann auch noch an den Küken vergreift, nein, das stecke ich nicht mehr so leicht weg wie früher, das geht mir zu sehr an die Nieren!“

Wie zur Bestätigung griff sie nach einem durch den Stall hüp-

fenden Küken. „Dich hat er noch nicht gekriegt!“, sagte sie und strich dem Küken zärtlich übers flauschige, gelbe Köpfchen. Johannes konnte kaum den Blick abwenden.
„Na, willst du mal?“, fragte sie lächelnd und hielt ihm das Küken hin. Vorsichtig streichelte er es nun auch, so wie früher, als er noch ein Schuljunge war. Er verstand gut, dass sie ans Aufgeben dachte. Zögernd schlug er vor: „Und wenn wir Eier vom Biobauern zukaufen? Ich kenne da einen, gar nicht weit weg! Du könntest dir alles ansehen, wenn du willst!“
Doch Tante Käthe schüttelte energisch den Kopf. „Ich muss die Hennen kennen, basta. Das mag dir komisch vorkommen, aber so habe ich es immer gehalten!“
Johannes widersprach nicht.
„Ich habe vorhin auch dem Pfarrer gesagt, dass er sich für die Weihnachtsfeiern anderweitig umsehen muss!“, eröffnete sie ihm. Dieses Mal, so ahnte Johannes, war es ihr wirklich ernst.
Unter dem skeptischen Blick des Hahns, den Tante Käthe liebevoll Ottokar nannte, reparierte Johannes das Gatter und hoffte nun, endlich alle Schlupflöcher für den Fuchs gestopft zu haben. „Ich schätze, man müsste mal alles neu machen!“, stellte

er fest. Doch seine Tante winkte ab. „Zu viel Aufwand! Außerdem, wer soll das denn bezahlen?“
„Ich kümmere mich darum!“, versprach er. Doch auch dagegen erhob Tante Käthe Einspruch. „Du hast genug um die Ohren und selbst genug Kosten, da musst du dich nicht auch noch um meinen Hühnerstall kümmern!“

Sein Heimweg führte ihn wie immer an der Kirche entlang. Schon von Weitem sah er, dass im Keller noch Licht brannte. Er ahnte schon, wen er antreffen würde und warum.
„Der Pfarrer sagt, wir können uns auch hier treffen!“, erklärte Cornelius ihm, noch bevor er fragen konnte. Sein Blick wanderte über die Gesichter der vier Jugendlichen, alles Ministranten, die sich praktischerweise auch schon den Plan geschnappt haben. Tarnung, dachte Johannes und verkniff sich ein Schmunzeln. Dass sie das WLAN des nahen Pfarrhauses gern für ihre Spiele nutzten, war bekannt. Doch wer war er, dass er es ihnen verbieten wollte? Schaden richteten sie nicht an, und es gab sicher Schlimmeres, was pubertierende Jugendliche so treiben konnten.

„Schließt nachher einfach ab!“, verlangte er. Plötzlich hatte er eine Idee.
„Sag mal, Cornelius, hat dein Vater nicht diesen Baustoffhandel?“
Cornelius nickte.
„Kannst du ihn vielleicht mal vorsichtig fragen, ob ihm der Eiersalat meiner Tante ein paar Baumaterialien wert wäre? Soweit ich weiß, feiert er doch demnächst seinen Fünfzigsten, oder?“
Amalia kicherte. „Wir haben schon gehört, dass der Fuchs wieder zugeschlagen hat. Bei uns übrigens auch. Papa wollte heute noch alles reparieren. Ich schätze, er würde auch bei Frau Weichbrodt helfen!“
„Das können wir auch!“, protestierte nun Lukas. „Ich kann gut mit Holz und Werkzeugen umgehen, Cornelius auch. Da brauchen wir deinen Vater nicht, nur eben Baumaterial. Kannst du das nicht besorgen? Hey, dann bauen wir ihr einen neuen Hühnerstall und sind die ersten, die den frischen Schokokuchen kriegen.“
Jetzt lief auch Johannes das Wasser im Munde zusammen. „Sie hat angedroht, dieses Mal wirklich das Handtuch zu werfen“, sagte er, „wenn wir uns nicht was einfallen lassen.“
Eine halbe Stunde später stand der Plan, und Johannes ging an dem Abend sehr zufrieden ins Bett. Zum Glück stand das Wochenende vor der Tür.

Am Samstagmittag war es dann so weit! Ohne seine Tante vorher anzurufen, stand Johannes mit Isabelle, Amalia, Cornelius, Lukas und den restlichen Ministranten vor Tante Käthes Tür. Die guckte nicht schlecht, vor allem, weil Anni und Tine, die beiden jüngsten Mädchen, ihr einen kleinen Blumenstrauß in die Hand drückten und kichernd um eine Tasse Kakao baten. Natürlich hatte Johannes ihnen das aufgetragen, um seine Tante zu beschäftigen. Derweilen kümmerten sich die Ministranten unter

Leitung von Cornelius' Vater um die Reparatur. Johannes selbst übernahm es, Ottokar abzulenken, der nicht nur seine Hennen, sondern auch sein Gatter bereit war zu verteidigen.
„Reg mir den Hahn nicht so auf!", protestierte Tante Käthe, als sie erkannte, was Johannes und seine Mitstreiter vorhatten. „Es hilft doch nichts, Kinder, der Fuchs sucht sich immer einen Weg, und wenn er irgendwo drüber klettert!", warnte sie.
Auch wenn Johannes noch nie gehört hatte, dass ein Fuchs kletterte, so zog er nun sein Ass aus dem Ärmel. „Wir decken den Stall nach oben hin mit einem straff gespannten Netz ab, mach dir da mal keine Sorgen. Da kommt kein Fuchs mehr durch!" versprach er. Und wie zur Bestätigung erschien Cornelius in der Tür und verkündete, dass es geschafft sei. Tante Käthe ließ es sich nicht nehmen, höchstselbst die Fertigstellung abzunehmen, unter dem strengen Blick von Ottokar, der stolz erhobenen Hauptes als Erster den neuen Verschlag betrat. „Sehr schön!", murmelte Tante Käthe anerkennend. „Ja, und von oben ist es geschützt und luftig, ja, schön!", zeigte sie sich zufrieden. „Und der Maschendrahtzaun ist auch noch mal hinter den Holzplanken an den Außenseiten mit eingearbeitet!", wies Cornelius sie auf die Besonderheiten hin. „Selbst wenn also eine Planke abfällt oder der Fuchs versucht, sich irgendwo durch eine Lücke zu mogeln, kommt er nicht weit. Und draußen auf dem Hof selbst verstärken wir den Zaun auch noch mal, da kommt kein Fuchs mehr durch!", versprach er.
Tante Käthe nickte zustimmend. „Das habt ihr gut gemacht!", sagte sie dann und brachte ihre drei Küken eigenhändig in ihr neues Zuhause. „Ich sag euch dann Bescheid, wenn die nächsten Küken schlüpfen, dann dürft ihr gern alle wiederkommen und sie mit einem dicken Stück Schokoladenkuchen begrüßen!" Und während die Jugendlichen ihrer Begeisterung Luft machten, zog sie Johannes beiseite. „Danke, mein Junge!", brummte sie in der ihr eigenen Art. „Ich weiß doch selbst, dass es keine

hundertprozentige Sicherheit gibt im Leben. Doch ihr habt getan, was ihr könnt, und dafür bin ich euch zutiefst dankbar. Und für den Rest muss ein anderer sorgen!“, sagte sie und deutete lächelnd nach oben.

Lotta verzweifelt gesucht

„Ich? Dieses Wollknäuel?" Samuel blieb vor Schreck der Mund offenstehen. „Das ist jetzt nicht dein Ernst, Mama!"
Katharina Becker verkniff sich ein Grinsen. Sie hatte mit Protest gerechnet, deshalb sagte sie: „Du willst doch auch, dass Oma sich richtig auskuriert! So eine Hüft-OP ist nicht ohne! Da braucht sie schon eine Kur, um wieder auf die Beine zu kommen! Und du wirst doch einsehen, dass sie Lotta nicht mitnehmen kann!"
Das wusste Samuel auch, trotzdem wehrte sich in ihm alles dagegen, sich diesen lächerlich kleinen Hund ans Bein binden zu lassen. „Die muss mindestens fünf Mal am Tag raus!", protestierte er weiter. „Wie soll ich das denn schaffen? Kannst du nicht?"
Katharina Becker schüttelte energisch den Kopf. „Ausgeschlossen! Ich habe Dienst! Außerdem hast du deiner Oma versprochen, dass du dich um den Hund kümmerst, schon vergessen?"
Natürlich hatte Samuel das nicht, trotzdem fand er es schon ein bisschen unfair, dass seine Mutter ihn ausgerechnet jetzt daran erinnerte. Er war schließlich dabei gewesen, als seine Oma gestürzt war, und er hätte ihr alles versprochen, nur damit sie sich operieren ließe! Und nun nagelte Mama ihn darauf fest! Doch Katharina Becker ließ sich nicht erweichen.
„Lotta liebt dich!", behauptete sie. Doch Samuel brummte nur: „Die liebt einfach jeden!" Und als ob Lotta es geahnt hätte, dass sie gerade über ihren Verbleib redeten, zwängte sich ein kleiner rotbrauner Zwergpudelwelpe durch den Türspalt und hechelte auf Samuel zu. Die kleine rosa Zunge hing ihm rechts aus dem kleinen Mäulchen, und seine linke Vorderpfote legte sich wie von selbst auf Samuels Fuß.

„Siehst du!", kicherte seine Mutter. „Lotta liebt dich! Komm schon, sei ein braver Junge!"
Samuel verzog das Gesicht, während Lotta begeistert an ihm hochsprang. Katharina Becker verzog sich kichernd und überließ Samuel das Hundebaby. Und auch wenn es in Samuel grummelte, schon allein, weil früh aufstehen gar nicht sein Ding war, und Lotta liebend gern fünf Uhr morgens ihre erste Runde machte, erlag er ihrem Charme schon nach wenigen Minuten. Er nahm sie auf den Arm und knuddelte sie ausgiebig, was dem kleinen Wonneproppen richtig gut gefiel. Am Telefon später versprach er seiner Oma hoch und heilig, Lotta wie seinen Augapfel zu hüten. „Mach dir keine Sorgen, Omilein, ich habe das im Griff! Wäre doch gelacht, wenn Lotta und ich uns nicht drei Wochen arrangieren würden, nicht wahr!"
Auch wenn Samuel es nicht wahrhaben wollte, aber seine Mutter behielt recht. Lotta liebte ihn wirklich, was sie dadurch zeigte, dass sie mehr als nur ein bisschen anhänglich war. Sie konnte und wollte praktisch keine Minute allein bleiben. Gut, dass gerade Semesterferien waren, schlecht, weil er in der praxisfreien Zeit in der Gemeinde aushalf. Er studierte Informatik und Theologie auf Lehramt. Praktischerweise war er bis zu seinem Studienbeginn selbst Ministrant gewesen und er pflegte die Kontakte weiterhin. Gerade wenn er, wie jetzt gerade, endlich wieder ein bisschen mehr Zeit hatte. Missmutig schaute er auf Lotta, die ihn schwänzchenwedelnd umkreiste.
„Ist ja schon gut, ich nehme dich mit, du Nervzwerg!", stöhnte er. Lotta war begeistert, und als er im Gemeindesaal ankam, wo er sich verabredet hatte, steckte er sie kurzerhand unter die Jacke. „Ich weiß nicht mal, ob ich dich da mitreinnehmen darf!", brummte er. Lotta kuschelte sich eng an ihn. Doch sie blieb natürlich nicht unbemerkt.
„Außer uns ist heute keiner da!", beruhigte ihn Anna, als Lotta ihr kleines Köpfchen neugierig heraus reckte. „Der Pfarrer ist

unterwegs und Frau Fischer, die Gemeindereferentin, hat Auswärtstermine!", erklärte sie. „Zeig doch mal, wen du da mitgebracht hast! Oh, ist das aber ein süßes Hundebaby! Wie alt ist der Kleine denn?"

„Das ist Lotta!", stellte Samuel seine Begleitung vor. „Sie ist sechs Monate und wenn sie groß ist, will sie mal ein Zwergpudel werden!"

„Ein Zwergpudel? Wie süß!" Die Begeisterung war nahezu grenzenlos, wie Samuel überrascht feststellte. Denn Lotta mutierte sofort zum Star. Sie wurde herumgereicht, liebkost, und sie ließ sich nicht lange bitten. Geduldig genoss sie die Streicheleinheiten und knurrte kein einziges Mal.

„Na, so viel Aufmerksamkeit kriegt sie von dir nicht, was?", lachte sein Kumpel Anton. Er bereitete sich gerade auf sein Abi vor und hatte Samuel um Hilfe gebeten. Und während sich die Mädchen, die großen und die kleinen, liebevoll um Lotta kümmerten, werkelten die beiden am Computer herum. Wieder daheim war Lotta allerdings so aufgedreht, dass Samuel aufpassen musste, nicht ständig über sie zu stolpern. Trotzdem versicherte er seiner Oma wie jeden Abend, dass es ihrem kleinen Liebling gut ging.

„Am besten gehst du mit ihr mal auf die Hundewiese, dann kann sie sich so richtig austoben!", schlug seine Mutter ihm vor. „Dann ist sie so geschafft, dass sie bis morgen früh durchschläft!"

Die Aussicht gefiel Samuel, also schnappte er sich Lotta und machte sich auf den Weg zum Pestalozzipark, denn dort gab es eine eigene Hundewiese. Je näher sie dieser kamen, desto unruhiger wurde Lotta. Sie wuselte eine Weile am Rand herum, außer ihnen waren nur noch ein paar ältere Herrschaften mit Dackeln und Yorkshire Terriern da. „Los, lauf, Lotta!", rief Samuel und warf ein Stöckchen. Lotta rannte los und brachte das Stöckchen brav zurück, woraufhin er es erneut wegschleuderte und Lotta wie aufgezogen hinterher sauste. Samuel musste sich beherrschen, nicht laut loszulachen, wenn er sie beobachtete. So klein sie war, so flink war sie nämlich auch. Er war so vertieft in das Stöckchenspiel, dass er gar nicht bemerkte, dass sich ein paar Jugendliche mit großen Doggen und Schäferhunden näherten. Auch sie ließen die Tiere von der Leine, und damit nahm das Drama seinen Lauf. Denn plötzlich schnellte einer der Schäferhunde auf Samuel zu. Auch wenn er vom Verstand her wusste, dass es grundverkehrt war, wegzulaufen und sich so selbst zum Beutetier zu machen, so setzten sich seine Beine praktisch von allein in Bewegung. Die Jugendlichen lachten und pfiffen, und kurz bevor der Schäferhund Samuel erreichen konnte, stoppte er und trottete zu seinem Herrchen zurück. Keuchend rang Samuel um Fassung. Plötzlich fiel ihm etwas auf.

„Lotta?“, rief er immer noch ganz außer Puste. „Lotta, wo bist du? Los, komm schon! Die Gefahr ist vorbei!“

Doch nirgends tat sich etwas.

„Komm, Lotta, ich habe hier was Feines für dich!“, lockte er und zog ein paar Hundekuchen aus der Tasche. „Hier, feines Leckerli, komm, Lotta, komm!“

Doch Lotta kam nicht. Es fehlte jede Spur von ihr. Samuel lief mehrere Male um die Hundewiese herum und wurde immer nervöser. Das durfte doch nicht wahr sein! Jetzt war ihm dieser Minihund wirklich noch entwischt! Am helllichten Tag auf der Hundewiese. Er riss sich zusammen und fragte einen der Jugendlichen.

„Nee, deinen kleinen Hund habe ich nicht gesehen!“, sagte der und schaute ihn bedauernd an.

„Rex und die anderen sind nicht gefährlich! Sie wollten doch nur mit euch spielen!“

„Aber wir nicht mit ihnen!“, murrte Samuel leise und suchte weiter. Eine ganze Stunde lang, doch Lotta blieb verschwunden. Auch wenn Samuel es niemals zugegeben hätte, ihm war zum

Heulen zumute. Lotta war Omas Ein und Alles. Nicht auszudenken, wenn dem Zwerg wirklich was passiert war! Und das alles nur, weil er sich vor einem Hund erschreckt hatte! Ausgerechnet er, der immer damit prahlte, mit jedem Vierbeiner klarzukommen. Na ja, gestand er sich ein, Realität und Wirklichkeit klafften wohl doch öfter mal auseinander. Nichtsdestotrotz musste er Lotta finden. Ihm fiel erst einmal nichts Besseres ein, als Anton anzurufen. Vielleicht, so seine vage Hoffnung, war Lotta ja zum Gemeindehaus zurückgelaufen, schließlich befand es sich ja ganz in der Nähe.

„Weg? Lotta? Nee, das gibt's doch nicht! Hat dich der Zwerg reingelegt und ist ausgebüxt!", kicherte Anton, und Samuel verzichtete lieber darauf, ihm die ganze Geschichte zu erzählen. In Gedanken wog er blitzschnell ab, was noch peinlicher war als sich von einem Zwergpudelwelpen austricksen zu lassen. Eindeutig – vor einem Hund wegzurennen! Zumindest wenn man älter als fünf war.

„Wenn du dich wieder eingekriegt hast, wäre ich für konstruktive Vorschläge offen!", reagiert Samuel gereizt.

„Ich poste eine Suchmeldung auf Facebook!", bot Anton nun an. „Und ich kann auch twittern, dass wir Lotta vermissen!"

„Ja, schön und gut, aber sie muss schnell zurück. Die Kleine war noch nie allein draußen! Ich will mir gar nicht vorstellen, dass sie vielleicht unter einem Auto landet!"

Plötzlich bekam Samuel eine Ahnung davon, wie seine Eltern sich früher gefühlt haben mussten, wenn er einfach zu spät heimkam. Er musste Lotta wiederfinden, und zwar bald. Es wurde schließlich schon dunkel. Planlos durchstreifte Samuel den Pestalozzipark. Er schaute hinter jede Hecke und um jeden Baum herum, ob ihn dabei jemand sah und sein Verhalten komisch fand, interessierte ihn schon lange nicht mehr. Jetzt ging es nur noch darum, Lotta wiederzufinden. Dann klingelte sein Handy.

„Hast du sie?", wollte Anton wissen.

„Nein, sonst hätte ich doch Bescheid gesagt. Hat sie jemand gesehen?"

„Ich weiß nicht!", gab Anton zu. „Jonas meinte, er hätte in der Goethestraße einen kleinen Hund gesehen, der Lotta sein könnte, aber die Goethestraße ist eigentlich viel zu weit weg vom Park. Bis dahin hätte sie es in der Kürze der Zeit nie schaffen können. Es sei denn, jemand hätte sie mitgenommen!"

„Mitgenommen!" Samuel wurde ganz schlecht bei der Vorstellung, jemand könnte Lotta einfach mitgenommen haben.

„Ich habe auch mal die Website des Tierheims gecheckt, aber dort ist noch kein Hund abgegeben worden, auf den Lottas Beschreibung passen könnte. Vermutlich ist sie einfach noch nicht lange genug weg."

Die Pause, die Anton am anderen Ende machte, gefiel Samuel gar nicht.

„Hör zu, geh heim, und ich schließe hier ab und komme zu dir. Du hast doch sicher ein Foto von Lotta, oder? Dann basteln wir am Rechner ein Suchplakat zusammen, drucken es ein paar Dutzend Mal aus und ich helfe dir morgen, es überall zu verteilen!", schlug Anton vor.

„Danke, Mann!", brummte Samuel in den Hörer. Er wusste, dass Anton ein guter Freund war, wie gut, zeigte sich jetzt erst.

„Kein Thema!", meinte Anton und legte auf. Samuel drehte trotzdem noch eine Runde im Park, obwohl es nun schon richtig dunkel war und es zur Krönung auch noch zu nieseln begann. Auf dem Heimweg machte er an jedem Laden halt und fragte nach Lotta, ebenso jeden Passanten, den er traf. Besonders die Gassigänger zeigten sich besorgt und versprachen, die Augen offenzuhalten. Er nötigte praktisch jedem seine Handynummer auf, in der Hoffnung auf einen Hinweis. Ein paar Teenagern versprach er sogar eine Belohnung, falls sie ihm Lotta zurückbringen würden. Dann war er auch schon zu Hause. Ohne Lotta. Und so sehr sie ihn vor ein paar Stunden noch genervt hatte, so sehr vermisste er sie nun schon. Mist, ärgerte er sich, wie sollte er das nur seiner Oma erklären?

„Hey, Mann, da bist du ja endlich! Ist dein Akku leer oder was? Bei dir geht nur noch die Mailbox ran!", empfing ihn Anton. Und noch ehe Samuel etwas sagen konnte, sah er das kleine, verwuschelte Köpfchen, das unter Antons Jacke hervorlugte. „Die Kleine saß hier vor der Tür und keiner hat sie reingelassen!", grinste er Samuel an.

„Spendierst du eine Pizza zur Feier des Tages?"

Samuel nickte und schnappte sich Lotta, die ihn fröhlich anhechelte. Den Schreck vor dem großen Hund schien sie schon wieder völlig vergessen zu haben. „Du hast auch Hunger, was? Dann wollen wir mal!", sagte er und ließ Lotta und Anton ins Haus. „Bestell was!", forderte er Anton auf. „Ich muss erst mal Lotta füttern!"

Und während er aufpasste, dass er Lotta nicht auf eine ihrer kleinen Pfoten trat, spürte er eine Welle der Dankbarkeit. Dafür, dass Lotta wieder da war und auch dafür, dass er so einen guten Freund wie Anton hatte.

Der Wilde Westen fängt gleich hinterm Kirchturm an

„Sind das nicht deine?“ Tobias deutete hinüber zur Wiese. Und richtig, Hannes blieb fast das Herz stehen, als er eine seiner Stuten nähertraben sah. Ihr folgten in kurzem Abstand weitere drei Pferde, wie er mit Schrecken erkannte. Überrascht schüttelte er den Kopf, das konnte doch nicht sein! Es war Kirchweih, sie hatten heute alle früher Schluss gemacht; er, seine Frau, seine Angestellten, fast alle lebten im Dorf. Er hatte seinen ersten Bierkrug in der Hand und wartete nur noch darauf, dass der Pfarrer am Grill endlich die ersten Würstchen und Steaks fertig hatte. Seit fast 20 Jahren führte Hannes mit Marianne das Gestüt, er hatte es aus dem Nichts aufgebaut und es inzwischen in Züchterkreisen in ganz Europa zu einigem Ansehen gebracht. Seine Araber galten als die perfekten Pferde für Freizeitsportler und das immer populärer werdende Westernreiten. Isadora, eine seiner Lieblingsstuten, kam vorsichtig schnaufend näher.
„Na, die hat wohl ihr Fohlen aus den Augen verloren?“, unkte Tobias.
„Isi, was machst du denn hier?“, fragte Hannes und näherte sich der Stute, die erst schnaubte, und dann kehrtmachte. „Das sind ihr zu viele Menschen hier und sie spürt wohl das Feuer vom Grill!“, brummte Hannes und griff nach seinem Handy. Er hörte es nur wenige Schritte hinter sich klingeln.
„Karl, was machen die Pferde hier?“, fragte er und nahm seinem Stallknecht das Bier aus der Hand. „Los, komm, die haben hier draußen nichts zu suchen!“
Karl nickte verdattert. „Ich hätte schwören können, dass ich

das Tor zur Koppel vorhin wieder zugemacht habe! Ich weiß gar nicht, wie die rausgekommen sind ..."
„Egal!", unterbrach ihn Hannes. „Das können wir später klären, jetzt müssen wir sehen, dass wir sie einfangen. Los, frag ein paar von den Jungs, wir können jede helfende Hand gebrauchen!"
Paul nickte, und Hannes machte sich schleunigst auf den Heimweg. Er wohnte gleich hinter dem maroden Kirchturm aus dem 18. Jahrhundert. Abends sah er dort die Fledermäuse ein- und ausfliegen. Seine Grundstücksgrenze markierte auch gleichzeitig die Grenze des Dorfes, dahinter lagen seine Ställe, die Weiden und Scheune sowie zwei Trainingsplätze. Seine Araber konnten sich über zu wenig Auslauf nicht beklagen, sie hatten gleich drei verschiedene Koppeln, und seit wenigen Monaten stolperten auch zwei Fohlen über die Wiesen: Adora und Donni. Adora war die Erstgeborene seiner Isadora, ein wunderschönes Fohlen, dem alle, die sich auskannten, eine hervorragende Zukunft voraussagten. Aber auch Donni war ein Prachtexemplar von Fohlen, die ihrer Mutter Kunomi fast aufs Haar glich. Auch für sie hegte Hannes große Hoffnungen auf weitere Preise für sein Gestüt.
Er pirschte sich vorsichtig an einen Hengst heran, der sich über das Gras im Vorgarten des Pfarrhauses hermachte. „Brav, Ramses, ganz brav!", redete er auf ihn ein. Ramses war ein stolzes Tier mit einem Stockmaß von gut eineinhalb Metern. Sein braunes Fell schimmerte in der untergehenden Sonne. Hannes züchtete ausschließlich braune Araber, er liebte diese edlen Tiere. Ramses bemerkte ihn und wieherte. „Schon gut, mein Freund, los, komm, du kannst zu Hause weiterfuttern!" Auch wenn er ahnte, dass Ramses ihn ohnehin nicht so direkt verstand, so hatte ihn doch seine Erfahrung gelehrt, dass die Tiere positiv auf seine Stimme reagierten. Sanft trieb er den Braunen so aus dem Vorgarten heraus über den schmalen Sandpfad hi-

nüber zum Gestüt. Paul und Marianne waren inzwischen mit ein paar Helfern ebenfalls eingetroffen. Er strich Ramses sanft über den Kopf, dann nahm er den Sattel, den Paul ihm reichte, und befestigte ihn. Ramses ließ ihn widerstandlos gewähren. Als Hannes sein Pferd gesattelt hatte, saß er auf. Die anderen taten es ihm gleich. Dann ritten sie los und trieben die entlaufenen Pferde zurück auf die Koppel. Die Weiden rauschten rechts und links an Hannes vorbei; Ramses war in den Galopp gewechselt. Weiter vorn entdeckte Hannes zwei Stuten, Ramses hatte die Witterung schon aufgenommen und schnaubte unruhig. Zum Glück galoppierten die beiden Stuten nicht davon, sondern ließen sich von ihm und Marianne schnell einfangen. Marianne war eine geübte Reiterin, die wöchentliche Kurse in Westernreiten gab und sogar schon selbst an Wettkämpfen teilgenommen hatte. Sie trieben die Stuten zurück zum Gestüt, wo Paul und Tobias rasch durchzählten. „Kommt, wir fangen die anderen ein!“, sagte Hannes und stürmte auch schon davon. Paul, Tobias und ein paar andere folgten ihm im Galopp. Hannes übernahm das Kommando über die Suchtrupps. Sie galoppierten mehrfach um das Dorf herum und trieben so alle ausgerissenen Pferde zurück Richtung Gestüt.

„Wie im Wilden Westen!“, hörte Hannes ein paar Mädchen aus der Gemeinde kichern. Endlich waren alle Helfer wieder am Gestüt versammelt, und alle Pferde schienen wieder eingefangen zu sein.
„Wo sind die Fohlen?“, fragte Marianne plötzlich und sah sich suchend um. Paul schüttelte den Kopf. „Ich habe sie nicht gesehen. Vermutlich sind sie immer noch da draußen!“
Isa schnaubte unruhig, was Hannes als Zeichen dafür deutete, dass sie ihr Fohlen suchte. Er bedeutete Paul und Marianne, ihm zu folgen. Inzwischen hatte sich die Feier im Dorf auf das Gestüt verlagert, jeder wollte helfen und packte mit an.
„Eines der Tore ist aufgegangen, ein Scharnier ist gebrochen, der Kolter sagt, es könnte Materialermüdung gewesen sein!“, rief Tobias seinem Freund zu, der auf Ramses das Kommando übernommen hatte. Der alte Kolter war noch gelernter Schmied. Wenn sich einer mit Metall auskannte, dann er. Hannes beschloss, mit ein paar anderen Reitern die Gegend zu durchkämmen, um die Fohlen zu finden. Er selbst ritt auf Ramses, Marianne auf Isa; mit den anderen Helfern blieben sie über Funk verbunden. Weit konnten die Fohlen nicht gekommen sein. Plötzlich schrie Marianne auf. Sie stand an einem kleinen Hang und gestikulierte.
„Da, Adora ist dort unten!“
Hannes hatte Seil und Gurt mitgebracht, außerdem ein kleines Halfter für Adora. Über den steinigen Abhang stieg er zu dem Fohlen hinab, das ihn erwartungsvoll ansah. Ein Wunder, dass es sich hier nicht die Beine gebrochen hatte. Beruhigend redete er auf das Tier ein, legte ihm vorsichtig das Halfter um und führte es dann nach oben. Isa wieherte aufgeregt und tänzelte unruhig umher. „Das ist ja noch mal gutgegangen“, stellte Hannes erleichtert fest. Nun, wo Adora in Sicherheit war, besah er sich den steinigen Hang genauer. Doch er konnte keine Spur von dem zweiten Fohlen entdecken. Adora war gerade vier

Monate alt, Donni war noch jünger, drei Monate erst. Wie alle Fohlen war auch sie schon nach wenigen Stunden aufgestanden und stolperte seitdem auf ihren eigenen Beinen über die Koppel, aber in dem Alter war sie eben doch noch ein sehr kleines Fohlen.

„Nein, hier ist sie nicht", sagte Hannes. Marianne hatte schon herumtelefoniert und den anderen Bescheid gegeben, dass zumindest ein Fohlen in Sicherheit war. Hannes versuchte sich die Situation vor seinem geistigen Auge vorzustellen. Was war passiert? Das Tor war aufgesprungen, weil das Material nachgegeben hatte. Dann musste eines der Pferde die Initiative übernommen und das Holztor aufgestoßen haben. Araber waren neugierig, also war das gut möglich. Mit Adora im Schlepptau trabten sie wieder zum Gestüt zurück. Ein paar Helfer waren schon unverrichteter Dinge wieder zurückgekehrt.

„Ich hab den Tierarzt angerufen, er ist noch unten, kommt gleich hoch und sieht sich das Fohlen an. Soll er dir eine Bratwurst mitbringen?", hörte Hannes Paul fragen.

„Bratwurst? Mann, mein Fohlen ist weg, da kann ich doch nichts essen!", fuhr er Paul unwirsch an. Ihm war zwar der Appetit gründlich vergangen, Hunger hatte er jedoch trotzdem. Doch die Wurst musste warten. Es wurde immer dunkler. Und hier draußen auf dem Land gab es selbstverständlich weder Straßenlaternen, noch sonst eine Beleuchtung. Es würde also bald stockfinster sein. Er musste Donni finden. Nicht nur, weil sie ein potentiell wertvolles Zuchttier werden könnte, sondern weil sein nach außen hin oft so raues Herz für das kleine Fohlen schlug. Er war dabei, als es geboren wurde. Es war nur knapp drei Monate her und es hatte wie aus Eimern geschüttet in jener Nacht.

„Was nun?", hörte Hannes Marianne fragen. Er hatte sie gar nicht kommen hören. „Ich habe keine Ahnung!", gab er zu. „Ich versuche mir immer wieder vorzustellen, wohin Donni gelaufen sein könnte, aber mir fällt einfach nichts ein."

Marianne nickte. „Der Tierarzt sagt, alle sind in Ordnung!"
„Schön!", brummte Hannes, doch so richtig freuen konnte er sich nicht.
„Gut, lasst uns jetzt alle reinbringen, wir räumen die Koppel", rief er Paul zu. Als Hannes gerade die Stalltür öffnen wollte, stutzte er: Sie stand einen ganzen Spalt breit offen. „Das war keine Materialermüdung, sondern schlicht und einfach Schlamperei!", befand er ärgerlich. Klar, alle hatten zum Fest ins Dorf gewollt!
Plötzlich hörte er hinter der Tür ein Geräusch. Da rappelte sich doch jemand hoch! Er riss die Tür weiter auf und traute seinen Augen nicht! „Donni!", rief er. Das braune Fohlen stand wackelig auf seinen Beinen und schaute ihn neugierig mit seinen großen, schwarzen Augen an. Fast im gleichen Moment kam Kunomi von hinten angelaufen, Hannes konnte gerade noch rechtzeitig zur Seite springen. Sie lief sofort zu ihrem Fohlen, das ganz offensichtlich ihre Nähe suchte. „Was für ein Anblick!", seufzte Paul und stellte sich neben ihn. „Mutter und Tochter in trauter Zweisamkeit! Wetten, dass die kleine Schlafmütze im Stall ein Nickerchen gemacht hat?"
„Ja, das glaube ich auch!", stellte Hannes zufrieden fest. Er spürte, wie eine Last von ihm genommen wurde. Alle Pferde waren wieder da und sie waren unverletzt. „Danke!", flüsterte er leise. „Danke, danke, danke!"
„Na? Jetzt vielleicht eine Bratwurst? Der Pfarrer ist noch dran!", fragte Paul und grinste schief.
„Ja, mein Freund, eine Bratwurst! Oder zwei oder drei oder so! Und dazu ein schönes kaltes Bier! Das haben wir uns nämlich verdient!"

Mopsi auf Diät

„Kann mir mal jemand sagen, wo die Leberwurst abgeblieben ist?" Rebecca Siebrecht schaute ihre Tochter Marie streng an. „Ich hab sie nicht gegessen, ehrlich!", beteuerte diese. „Ich war bis eben mit Elias draußen!"

Marie war gerade zehn Jahre alt geworden und ging in die vierte Klasse der katholischen Grundschule, in der sie selbst als Religionslehrerin tätig war. Elias, ihr Sohn, war ein Jahr älter und gerade aufs Gymnasium gewechselt. Zum Glück hatte er sich dort gut eingelebt, was sicher auch daran lag, dass zwei von seinen Freunden aus der Ministrantengruppe der Gemeinde mit ihm gewechselt waren. Zu Rebeccas Freude verstanden sich ihre beiden Kinder meist bestens, was bei Jungs und Mädchen in dem Alter nicht immer selbstverständlich war. Die beiden waren fast immer ein Herz und eine Seele, wobei Rebecca dann und wann das hässliche Gefühl beschlich, dass die beiden möglicherweise hinter ihrem Rücken etwas ausheckten.

„Wir haben mit Mopsi gespielt!", erklärte Elias.

Mopsi war die dreijährige Mopsdame der Familie, die in just diesem Augenblick unter dem Küchentisch herumwuselte. Rebecca schüttelte grinsend den Kopf. Nun war alles klar. Mopsi war als stolze Hundemama noch verfressener als sonst. Von ihrem Wurf, der vor ein paar Tagen zu den jeweils neuen Herrchen und Frauchen gezogen war, hatten sie nur Drops behalten, ein besonders stämmiges Kerlchen, das nicht nur optisch das Ebenbild seiner bezaubernden Mama war, sondern auch ihren Appetit geerbt hatte. Und nun hechelte nicht nur Mopsi unter dem Tisch gierig nach mehr, sondern auch der kleine Drops.

Rebecca riss sich zusammen. „Mopsi, du verfressenes, kleines

Ungeheuer, hast du etwa die Leberwurst gemopst?", fragte sie streng.
Marie und Elias kicherten, und Rebecca bemühte sich, ernst zu bleiben, während Mopsi und Drops fröhlich weiterhechelten, dabei immer wieder an ihr hochsprangen. Dabei trampelten sie ungeniert auf dem ausgelutschten Wurstzipfelchen herum.
„Die denken bestimmt, sie kriegen noch mehr!", grinste Elias.
„Vergesst das mal ganz schnell, besonders du, Mopsi!", versuchte Rebecca es mit Strenge. „Der Tierarzt hat letzte Woche gesagt, dass du zu dick bist! Wir müssen nächste Woche wieder hin! Was meinst du, was der uns dieses Mal erzählt?"
Während Drops sofort darauf ansprang, dass Elias mit ihm spielen wollte, ließ Mopsi sich nicht beirren. Sie hechelte und bettelte fleißig weiter und zeigte sich sichtlich uninteressiert an dem, was der Tierarzt von ihr denken mochte. Sie sprang so lange an Rebecca hoch, bis diese freiwillig noch ein Scheibchen Wurst herausrückte. „Das ist gar nicht gut für dich, ich weiß auch nicht, warum ich das immer mache! Ihr macht das auf keinen Fall nach!", sagte sie zu Marie und Elias. Die beiden verbissen sich lieber jeglichen Kommentar, während Mopsi Rebecca noch immer schwanzwedelnd ansabberte.
„Das waren heute aber wirklich genug Leckerlis für die beiden!", erklärte sie den Kindern. „Ich muss jetzt noch mal schnell in die Kirche, ihr gebt den beiden bitte heute nichts mehr, verstanden?"
Elias und Marie nickten und Rebecca hoffte nur, dass ihre Worte auch beachtet wurden.

Die nächsten Tage war Rebecca mit zahlreichen Sonderprojekten in der Schule und mit der Vorbereitung auf die Projektwoche zum Thema Heilige der Region so beschäftigt, dass sie nicht wirklich dazu kam, sich um Mopsis Gewichtsprobleme zu kümmern. Das rächte sich dann beim nächsten Tierarzttermin.

Während der Arzt mit Drops' Gesundheit zufrieden war, mahnte er bei Mopsi zur Vorsicht.
„Sie sollte mindestens zwei Kilo abspecken, und zwar dringend", mahnte er. „Und der Kleine hier, ist zwar noch topfit, aber gewichtsmäßig auch schon am oberen Ende der Skala angekommen. Wenn er weiter so macht, dann wird er schon bald zu viel auf den Rippen haben!"
Das war deutlich und Rebecca wusste nicht so recht, ob sie sich darüber ärgern, sich schämen oder besorgt sein sollte. Ihre Stimmung war jedenfalls gedrückt, was man von ihren beiden Hunden nicht sagen konnte. Sie hopsten fröhlich um sie herum und ließen sich die ganze Sache nichts angehen.
„Wenn Sie gar nicht auf Leckerlies verzichten wollen, wir hätten hier auch etwas Kalorienarmes da, vom Spezialhersteller", bot ihnen die Sprechstundenhilfe am Empfang an, als sie Rebecca den Diätplan überreichte.
„Nur noch einen kleinen Napf und nichts mehr nachfüllen, na das kann ja heiter werden!", stellte Rebecca kopfschüttelnd fest.
Daheim redete Rebecca erst mal mit den Kindern Tacheles, ihr Mann Karsten fütterte die Hunde ohnehin nicht. Und zumindest Marie zeigte sich zu ihrer Erleichterung auch einsichtig, während Elias die Augen verdrehte. „So ein Stress wegen zwei Kilo!", brummte er, während Marie versprach: „Ich gehe mit ihr länger spazieren, und wir können auch Sport machen. Am besten zu dritt, da macht es mehr Spaß!"
Mopsi wedelte begeistert mit dem Schwanz, und Rebecca ahnte, dass sie wohl einfach nur keine Ahnung hatte, was sie erwartete. Auch Drops schaute sie treuherzig an. Nein, sie wollte nicht daran Schuld sein, wenn aus dem kleinen Drops ein großer Klops wurde! Ein bisschen mehr Bewegung würde ihm nicht schaden, beschloss sie.
„Ja, nimm den Zwerg mit, dann gewöhnt er sich gleich daran", sagte Rebecca zu ihrer Tochter.

„Herrlich, Mopssport!“, amüsierte sich Elias. „Dann macht mal! Und vergiss nicht, alles aufzunehmen!“
Marie schnitt eine Grimasse und Elias verzog sich.
Beeindruckt stellte Rebecca später fest, dass Marie ihr Vorhaben wirklich in die Tat umsetzen wollte. „Wir sind hinter der Heidenbergstraße noch über den Ulmenweg gelaufen und dann einmal quer durch den Goethepark!“, erzählte sie stolz und hielt ihren Schrittzähler triumphierend in die Luft. „Ganze sechstausendvierhundert Schritte!“
„Cool, dann braucht Mopsi vielleicht ja gar keine Diät!“, freute sich Elias und warf dem bettelnden Vierbeiner ein Leckerli nach dem anderen zu.
„Hey, hör auf damit!“, verlangte Rebecca und zeigte auf die Tüte. „Das Zeug war teuer und Mopsi soll davon ja nicht gleich die ganze Tüte verspeisen! Einteilen, verstanden?“
Elias nickte und lugte in die fast halbleere Tüte. „Viel ist da ja nicht drin!“, stellte er fest. Das sah Mopsi wohl ähnlich, jedenfalls hörte sie nicht auf, an Elias hochzuspringen, was Drops dazu verleitete, es ihr gleichzutun. „Nein, du kleiner Racker, du kriegst davon nichts mehr! Ihr hattet genug Futter, nun ist Schluss!“, erklärte Rebecca und versuchte standhaft zu bleiben, als sie in die kleinen, knautschigen Gesichter schaute. Ihren strengen Blick quittierten Drops und Mopsi mit leisem Hecheln, dem mopstypischen Brummeln und einem langen Blick aus schwarzen Knopfaugen.

Beim Abendessen machte Rebecca dann endgültig ernst und kürzte Mopsis Futterration mit dem Erfolg, dass die Hündin erst ihren Napf ordentlich leer futterte und danach versuchte, aus dem ihres Sohnes etwas zu erbeuten. „Hey, lass das!“, verlangte Karsten und stöhnte: „Das kann ja heiter werden!“
„Und ich will gar nicht wissen, was die hier morgen anstellen, wenn wir alle weg sind! Vielleicht sollten wir sie trennen, ehe es

beim Kampf um die Futternäpfe noch Verletzte gibt?", wandte Rebecca ein. „Mit vierzehn Wochen sieht Mopsi Drops auch nicht mehr als kleines Babyhündchen an, vermutlich ist er für sie futtertechnisch wirklich ein Konkurrent. Zudem ist sie ja nun doch ein ganzes Stückchen größer als er. Marie warf Mopsi einen verstohlenen Blick zu. Die hatte nur darauf gelauert und machte es sich prompt mit eingezogenem Schwanz unter Maries Stuhl bequem und stupste sie immer mal wieder mit ihrer platten Schnauze am Bein an.
„Die hofft, dass du was fallen lässt!", griente Elias.

Am nächsten Tag passierte jedoch nicht so viel. Weder zerlegten die beiden Tiere aus Futterneid die Einrichtung, noch war Mopsi außergewöhnlich schlecht gelaunt. Im Gegenteil, sie begrüßte Rebecca schwänzchenwedelnd an der Tür. Natürlich bettelte sie beim Futter, aber immerhin ließ sie den kleinen Drops in Ruhe.
„Los, wir gehen auf die Hundespielwiese!", schlug Rebecca vor. Mopsi war zwar recht bewegungsfreudig, nur holte sie nicht besonders gern Stöckchen zurück, im Gegensatz zu Drops, der eifrig Marie alles wieder anschleppte, was sie irgendwo fallen ließ. Selbst ein aus der Tasche gerutschtes Papiertaschentuch.

„Los jetzt, Mopsi!", feuerte Rebecca die Hündin an. Doch die interessierte sich partout nicht für herumfliegende Stöcke oder Bälle. Stattdessen machte sie es sich zu Rebeccas Füßen bequem. Dann hatte Marie den rettenden Einfall. „Komm, Mopsi, wir probieren mal was, ja?" Sie lockte sie mit einem Leckerli auf einen umgekippten Baumstamm, und dann balancierten sie beide hin und her.

Wann immer Marie auf dem Stamm drehen musste, hopste Mopsi erst runter, dann hinter ihr wieder hoch. Rebecca sah lachend zu und stellte nach einem Blick auf die Uhr fest, dass die beiden da schon eine gute Viertelstunde hin und her liefen.
„Vielleicht sollten wir das mal abwechselnd machen?“, schlug sie später vor. „Erst du, dann übernehme ich für eine Weile, dann wieder du ... so wird es für keinen zu anstrengend!“
Marie war einverstanden, und Rebecca verdonnerte den nicht wirklich begeisterten Elias ebenfalls zum Hundetraining.
„Wir wollen doch alle, dass Mopsi gesund bleibt! Und für normalen Hundesport können wir sie nun mal nicht begeistern, also bleibt nur das Baumstammlaufen. Sie klettert eben gern darauf herum!“
„An der ist echt eine Katze verlorengegangen!“, witzelte Karsten.
Zwei ganze Wochen hielten sie das Sportprogramm durch, dann hatte zumindest Rebecca ein Erfolgserlebnis zu verzeichnen.
„Also ich habe zwei Kilo abgenommen!“, verkündete sie ihrer Familie am Frühstückstisch. „Mal sehen, was der Tierarzt nachher zu Mopsi sagt!“
Als Rebecca später im Wartezimmer saß und die meisten anderen Tierbesitzer von dem drolligen Drops nicht genug kriegen konnten, entdeckte sie einen recht beleibten Pudel in der Ecke. Der ältere Herr mit Hut, der mit dem Hund gemeinsam wartete, deutete ihren Blick genau richtig.
„Sie muss abnehmen, doch sie will nicht!“, stellte er klar und deutete danach auf seinen Bauch. „Ich aber auch, und ich will schon, kriege es aber nicht hin. So haben wir wohl beide inzwischen ein Problem. Na, Ihre beiden Hunde haben solche Probleme ja nicht!“
Rebecca kam leider nicht dazu, begeistert zu strahlen und sich für das Kompliment zu bedanken, denn just in dem Moment wurde sie ins Sprechzimmer gebeten.

„Ein halbes Kilo ist bei Mopsi runter, und der Kleine ist nun fast schon im idealen Bereich, am besten machen Sie weiter so!", erklärte ihr Dr. Singer und nickte anerkennend.
„Dann habe ich vermutlich eher eine Bikinifigur als Mopsi Idealgewicht!", stöhnte Rebecca. Die Vorstellung, dass sie das Sportprogramm noch länger durchhalten musste, begeisterte sie nicht wirklich. Doch Dr. Singer beruhigte sie.
„Machen Sie einfach jeden zweiten Tag mit dem Sport weiter, aber achten Sie auf die Ernährung. Die macht den Löwenanteil aus, seien Sie da einfach konsequent! Nach einer Schwangerschaft haben es Frauen ja auch nicht so leicht, die Pfunde wieder runter zu kriegen. Einer gelingt es schneller als der anderen. Das ist bei Möpsen nicht anders. Zudem neigen sie auch leider dazu, etwas verfressen zu sein. Glauben Sie mir, ich weiß, wovon ich rede, meine Schwiegermutter hat auch einen!"
Zuhause wurden Rebecca, Mopsi und Drops schon von der ganzen Familie gespannt erwartet.
„Wir schaffen das mit dem Sportprogramm, Mama, ich helfe dir!", bot Marie an. „Mir macht es Spaß, mit den beiden rumzutollen. Und zu zweit geht das ja echt gut!"
Das fand sogar Elias, und die vier wurden sich schnell einig, dass es am allerschnellsten gehen würde, wenn sie Zweierteams bilden würden.
„Den einen Tag übernehmen Elias und ich, den anderen du und Marie!", schlug Karsten vor und raunte Rebecca ins Ohr: „Dann haben am Ende nicht nur die Hunde was davon, sondern wir auch noch ein bisschen Familienzeit dazugewonnen!"
Rebecca fand, dem gab es nicht mehr viel hinzuzusetzen. „Einverstanden!", sagte sie und erntete nur zustimmende Blicke.

Zwei Waisenkinder im Gebüsch

„Mama, Mama, der Konrad hat da was gefunden!“ Mara zerrte ungeduldig an Helenas Arm. „Komm schon, ich glaube, es lebt noch!“

Nun wurde Helena doch hellhörig. Konrad war der zehnjährige Bernhardiner der Familie, ein herzensguter Hund, der nur schwer in Tritt kam. Wenn er sich jedoch erst einmal einer Sache angenommen hatte, konnte er ausgesprochen hartnäckig sein.

„Konrad, aus!“, rief Helena, noch bevor sie überhaupt erkennen konnte, was Konrad da im Maul hatte. Als sie näherkam, schluckte sie. „Das ist ja ein kleines Kätzchen!“, stellte sie fest. Mara griff sofort danach, während Konrad sich wieder umwandte und schnaufend im Gebüsch, welches das Grundstück umsäumte, verschwand. Wenig später kam er mit einem weiteren kleinen Fellbündel im Maul wieder raus und ließ es Helena direkt vor die Füße plumpsen. Das kleine grauweiße Katzenbaby bewegte sich kaum noch. Sie waren auf ihrem Spaziergang bis auf den Heideberg gelaufen. Die letzten Wohnhäuser hatten sie vor einer halben Stunde passiert. Hier wohnte sicher keine Hauskatze mehr. Die kleinen Kätzchen waren sicher ausgesetzt worden! Helena bückte sich und versuchte, in dem Gebüsch etwas zu erkennen. Doch da war offenbar nichts. Zumindest keine Katzenmama.

„Die brauchen bestimmt Futter!“, stellte Helena fest. Sie waren ein Hundehaushalt, Katzenmilch oder Katzenfutter hatten sie nicht vorrätig. Sie griff zum Telefon und bat Theresa, die siebzehnjährige Tochter ihrer Freundin und immer mal wieder Maras Babysitter, um Hilfe. Zum Glück erreichte sie sie sofort.

„Katzenbabys, wie süß! Klar, ich besorge was, dann komme ich!“, versprach sie.
„Komm, Schatz, dann kümmern wir uns mal um die beiden! Gut gemacht, Konrad!“, lobte sie den Bernhardiner, der geruhsam hinter ihnen her trottete.
„Lass sie uns nach Hause bringen!“, sagte Helena. „Sie können erstmal bei uns im Schuppen bleiben. Du weißt doch, Papa hat eine Katzenhaarallergie, ins Haus können wir sie nicht mitnehmen!“
Auch wenn Maras Gesicht sich sofort verdüsterte und Helena ihrer Tochter an der Nasenspitze ansah, dass sie enttäuscht war, fügte sie sich.
„Tut mir leid, Schatz, aber wir können sie nicht behalten. Außerdem haben wir doch Konrad!“
Wie zur Bestätigung stupste der Hund Mara in die Kniekehlen, die daraufhin prompt kicherte. Das Spiel spielten die beiden schon, seit Mara laufen konnte. Konrad war praktisch ihr ganzen Lebens lang da, ihr Schatten sozusagen. Wo Mara als kleines Kind hingetapst war, da tapste auch Konrad hin. Die beiden gab es nur im Doppelpack, zur großen Belustigung der gesamten Familie. Auch jetzt schaffte der Hund es spielend, dass Mara nicht in Tränen ausbrach, sondern kicherte.
Als wenig später Theresa mit der Katzenmilch und dem Futter für kleine Katzenbabys ankam, hatte Helena ihre liebe Not, die beiden zu füttern. Sie schienen recht schwach zu sein, also tröpfelte sie der kleinen grau-weißen, die Mara schon mal Miezi getauft hatte, vorsichtig Katzenmilch ins Mäulchen. Nach ein paar Anfangsschwierigkeiten schleckerte sie die Tröpfchen gierig auf. Ihre etwas kleinere Schwester, von Mara Molly genannt, war etwas mobiler und noch hungriger. Ihr klägliches Maunzen verstummte schon bald, und die beiden begannen, leise vor sich hin zu schnurren. Konrad übernahm es, sie zu wärmen, und Mara konnte kaum den Blick abwenden. Auch Helena war

ganz verzaubert von den beiden. So kleine Kätzchen hatte sie bislang noch nicht in natura gesehen und sie ahnte, dass mit der Katzenmama irgendwas schiefgegangen sein musste. Was genau, wollte sie später beim Tierschutz erfragen, auch wie sie sich nun am besten verhalten sollten.

„Bringen Sie sie ins Tierheim, wenn Sie sie nicht behalten können!“, riet man ihr. Was sicher gut gemeint war, rief bei Helena jedoch nur Schaudern hervor. Sie hatten Konrad damals aus dem Tierheim geholt, als drei Monate alten Welpen, und sie erinnerte sich nur zu gut an die übervollen Unterkünfte dort. Nein, das wollte sie den beiden Babykätzchen nicht zumuten. Zu blöd, dass sie sie nicht selbst behalten konnte. Theresa hatte zwar angeboten, ihre Eltern zu fragen, jedoch wusste sie, dass Margit und Torben selten zu Hause waren.

„Du, sorry, aber das wird nichts bei uns!“, bestätigte Margit ihre Befürchtungen. „Ich bin ehrlich gesagt recht froh, dass Theresa nicht mehr so klein ist, und wir wieder richtig mobil sind. Egal ob es um den Feierabend oder um den Urlaub geht. Da will ich mir, so süß die auch sind, keinen Klotz ans Bein binden. Zumindest noch nicht!“, schränkte sie lachend ein. „Ich habe die beiden auf Theresas Handy gesehen, die sind schon echt süß!“, gab sie zu.

Als Gemeindereferentin war Margit viel auf Achse, momentan betreute sie die Erstkommunionskinder, zu denen auch Mara gehörte. Helena hatte sich erst als Erwachsene taufen lassen, nachdem sie damals Torben kennengelernt hatte, der ihr den Glauben damals nähergebracht hatte, bis sie irgendwann auch den Wunsch verspürte, ganz dazu zu gehören. Deshalb freute sie sich nun umso mehr, dass Mara gleich so aufwuchs und sich nicht, wie sie selbst, alles Schritt für Schritt erarbeiten musste. Auch wenn das, wie Helena sich bisweilen eingestand, auch Vorteile gehabt hatte. Sie hatte viel mehr Dinge hinterfragt, die für Torben, der mit dem katholischen Glauben aufgewachsen war, selbstverständlich gewesen waren. Mara freute sich jedenfalls

schon sehr auf ihre Erstkommunion, und Margit fand es wunderbar, sich um die Kinder zu kümmern.
„Ich kann ja mal im Büro fragen, ob jemand ein Kätzchen haben will!", bot Torben an. Mara und Helena hatten gründlich geduscht und sich sofort umgezogen, um ja jedes Katzenhaar zu entfernen. Nun beobachtete Helena ihre Tochter dabei, wie Mara immer wieder sehnsüchtig aus dem Fenster Richtung Geräteschuppen starrte.
„Ich gehe nachher noch mal nachsehen!", versprach sie Mara beim Zubettgehen, während Torben noch an einem Projekt arbeitete.
Im Garten war alles ruhig, nur Konrad schnaufte hinter Helena, denn der Bernhardiner hatte es sich nicht nehmen lassen, sein Frauchen zu begleiten. Vorsichtig öffnete Helena die Tür und lugte dann in das kleine Nest aus Decken, das Mara den Kätzchen gebaut hatte. Sie schlummerten friedlich und waren so süß, dass Helena sie am liebsten auf den Arm genommen und mit ihnen gekuschelt hätte. Erst Konrads Hecheln riss sie aus den Gedanken. Ohne die beiden kleinen Schlafmützen berührt oder gar geweckt zu haben, schlich Helena zurück ins Haus.

Am nächsten Tag mühte sich Helena vergeblich, für Miezi und Molly ein Zuhause zu finden. Ihre Kollegen in der Schule, in der sie als Grundschullehrerin arbeitete, fanden die Bilder zwar alle ganz herzig, aber aufnehmen wollte keiner eines der Kätzchen.
„Ich würde die Bilder ja unseren Kommunionskindern zeigen, aber ich schätze, dann kriege ich Ärger mit den Eltern!", vermutete Margit, als Helena am Nachmittag Mara ins Gemeindehaus brachte. „Aber ich kann die Eltern ja mal fragen, wenn sie die Kinder wieder abholen!"
Dass Mara ihre Freunde fragte, konnte selbst Margit nicht verhindern, doch auch das brachte keinen Erfolg.
„Aber die können doch nicht alle eine Allergie haben wie Papa!",

wunderte sich Mara am Abend. „Die beiden sind doch so niedlich und noch so klein!“
Helena hatte ihre liebe Not, ihre Tochter zu trösten. Und am Ende war es wieder einmal Konrad, der sich unter ständigem Streicheln geduldig Maras Jammern anhörte.
„Ich habe alle Kollegen gefragt!“, versicherte ihr auch Torben, als Helena ihn fragte. „Keiner kann sich vorstellen, ein Katzenbaby aufzunehmen. Tut mir echt leid, aber die meisten meiner Kollegen sind erst Mitte, Ende zwanzig, die denken noch nicht so weit. Und die Familienväter haben abgewunken. Entweder haben sie schon ein Tier daheim oder sie sind froh, dass das Thema bislang an ihnen noch vorbeigegangen ist! Aber ich denke weiter drüber nach!“, versprach er. Helena glaubte ihm aufs Wort, andererseits wollte sie nicht so lange warten. Es wurde kälter draußen, außerdem hegte sie die Befürchtung, dass sich bisweilen Ratten im Schuppen aufhielten, denen sollten so kleine Kätzchen vielleicht besser nicht unterkommen, überlegte sie.
„Wir können einen Aushang am Schwarzen Brett machen!“, schlug Margit vor, als Helena sie anrief und um Hilfe bat. „Da kommen täglich auch die ganzen Eltern der Kindergartenkinder vorbei, schließlich ist der Kindergarten auf dem Gelände. Und wir kleben ein Bild von den beiden dazu, so süß wie die beiden sind, findet sich bestimmt jemand!“

Nach einer weiteren schlaflosen Nacht und einem Morgen, der statt mit gemütlichem Frühstück in der Küche mit der Babykatzenfütterung im Geräteschuppen begann, war für Helena klar, dass sie sich wohl mehr einfallen lassen musste, wenn sie Miezi und Molly schnell unterbringen wollte.

„Du kannst online suchen!“, erklärte ihr der neue Referendar und tippte auf sein Smartphone. „Heutzutage geht nichts mehr ohne Instagram oder Facebook. Vielleicht eröffnest du eine Seite für Miezi und Molly oder einen Twitter-Account. Pass auf, dann hast du in Windeseile Tausende Follower!“ Helena bedankte sich artig, schließlich predigte sie Mara ständig, dass man sich immer hübsch bedanken solle, und schüttelte den Kopf, als er weg war. Instagram, Twitter, Facebook! So ein Quatsch. Sie wollte weder Freunde noch Follower, sie brauchte schlicht und ergreifend zwei leibhaftige Menschen, die ein Katzenbaby aufnehmen wollten.

Als Helena am Nachmittag tatsächlich weitere Spuren im Schuppen fand, die auf Ratten hindeuteten, wusste sie, dass die Zeit drängte. Zudem hatte der Wetterbericht einen Kälteeinbruch vorausgesagt, und der Schuppen war nicht isoliert. Auch wenn Helena nicht viel über Katzen wusste, so ahnte sie doch, dass Kälte und Ratten nicht das Richtige für Miezi und Molly waren.

„Na, Konrad, was machen wir denn nur?“, fragte sie und kraulte den Bernhardiner hinter den Ohren. Der genoss die Streicheleinheiten und ließ sich prompt zu ihren Füßen nieder, gedankenversunken kraulte Helena weiter. Erst als Frau Schröter, ihre Nachbarin, Sturm klingelte, schreckte sie hoch.

„Ich war schon drei Mal bei Ihnen!“, sagte sie deutlich vorwurfsvoll. „Ich habe doch ein Paket für Sie angenommen!“ Zum Glück rettete Konrad die Situation mal wieder, indem er Frau Schröter freundlich anhechelte, der das prompt ein Lächeln entlockte. „Ach, was haben Sie doch für ein Glück mit Ihrem Konrad! Mein Otto ist ja leider nicht mehr!“, seufzte sie. Plötzlich hatte Helena eine Idee.

„Ihr Otto war ein Dackel, stimmt's", hakte sie vorsichtig nach. Frau Schröter nickte. „Ja, er ist nun schon bald fünf Jahre tot. Kinder, wie die Zeit vergeht! Als er damals starb, war er schon achtzehn. Wenigstens musste er nicht leiden!"

„Haben Sie denn nie dran gedacht, sich einen neuen zuzulegen?", fragte Helena vorsichtig weiter. Frau Schröter schüttelte energisch den Kopf. „Nein, niemals! Otto war ein Glücksfall, so einen gibt's nie wieder!"

„Und eine Katze kommt für Sie wohl nicht in Frage?"

„Nein, ehrlich gesagt nicht!", sagte Frau Schröter. „Ich hab schon gehört, dass Ihr Konrad die kleinen Katzen aus dem Gebüsch gefischt hat, aber eine Katze? Nein, ich bin eher der Hundemensch!"

„Verstehe!", sagte Helena und gab sich geschlagen. „Es ist nur so, dass ich händeringend ein Zuhause für die beiden suche. Im Schuppen können sie nicht bleiben, außerdem haben sie auch ein richtiges Zuhause verdient. Ich würde sie ja selbst aufnehmen, aber mein Mann hat da diese dumme Allergie ..."

„Haben Sie schon mal im Seniorenkreis gefragt?", erkundigte sich Frau Schröter. „Die Frau Treutner von gegenüber ist da sehr aktiv. Vielleicht fragen Sie die mal! Die alten Leute suchen doch oft Gesellschaft, und mit einer Katze müssen sie ja auch nicht raus wie mit einem Hund!"

Helena nickte begeistert. Dass ihr das noch nicht eingefallen war! Sie begleitete Frau Schröter nach draußen und flitzte schnell über die Straße zu Frau Treutner.

„Katzen? Oh, ich wollte mir ehrlich gesagt schon längst eine aus dem Tierheim holen, doch so richtig habe ich mich da noch nicht hin getraut!", gab sie zu. „Meine Tochter wollte ja immer mal mitkommen, aber sie hat ja auch immer so viel um die Ohren!"

„Also, wenn Sie wollen, können Sie sich die beiden ja anschauen. Auch jetzt gleich, wenn Sie Zeit haben! Wissen Sie, die sind

noch so winzig, ich habe immer ein ganz schlechtes Gefühl, sie allein im Schuppen zu lassen!“
Frau Treutner ließ sich nicht lange bitten und stand schon kurz darauf mit Helena vor Miezi und Molly, die sich von ihrer besten, sprich kuscheligsten, Seite präsentierten.
„Die sind so süß, ich glaub, ich nehme die mit den hellbraunen Sprenkeln!“, rief sie entzückt. „Darf ich?“
Helena nickte „Klar!“
Frau Treutner fasste sich ein Herz und hob Molly aus dem Körbchen, was dieser zwar gut gefiel, bei Miezi allerdings Protest auslöste. „Oh, die andere ist genauso putzig, da weiß man gar nicht, wie man sich entscheiden soll!“, gab sie zu.
„Vielleicht beide?“, schlug Helena vor. Doch Frau Treutner schüttelte den Kopf. „Ich weiß nicht, ich hatte mir immer nur eine vorgestellt. Aber ich habe eine Idee! Die Christel aus unserem Seniorenkreis, die ist auch drauf und dran, sich wieder eine Katze zuzulegen. Ihre ist vor einiger Zeit gestorben. Und die Christel kennt sich aus. Kommen Sie, ich nehme die beiden erst mal mit rüber zu mir, wenn Sie mir das Körbchen freundlicherweise überlassen würden?“
Helena ließ sich nicht lange bitten und auch Mara half fleißig mit, die Katzenmilch und das Futter zu Frau Treutner ins Haus zu schaffen. „Hier sind sie erst mal in Sicherheit!“, sagte sie und bat Mara, das Katzenkörbchen ins Wohnzimmer zu stellen. „Na ja, hübsch ist es nicht, da werde ich was Neues kaufen!“, beschloss sie. „Und die Christel rufe ich nachher an! Machen Sie sich keine Sorgen!“
Als sie sich verabschiedeten, war Konrad leider nicht in der Nähe, um zu verhindern, dass bei Mara Tränen flossen. „Du kannst jederzeit rüberkommen“, bot Frau Treutner an. Miezi und Molly maunzten zum Abschied, und Helena hatte ein wirklich gutes Gefühl, die beiden bei der alten Dame zu lassen.
Vom Wohnzimmerfenster aus sah Helena noch lange Licht bei

Frau Treutner brennen. „Sonst geht sie immer früh zu Bett, heute wohl nicht!“, schmunzelte sie.

Schon am nächsten Nachmittag stürmte Mara zu Frau Treutner rüber, dieses Mal mit Theresa im Schlepptau, die auch die Sehnsucht nach den beiden Katzenbabys plagte. Helena hatte sicherheitshalber noch Nachschub an Futter und Katzenstreu besorgt und schickte es mit rüber. Als Mara wiederkam, wusste sie zu berichten, dass Frau Treutner bereits ein neues Katzenkörbchen und einen Kratzbaum angeschafft hatte.
„Ich bin noch nicht dazu gekommen, jemanden wegen Miezi anzurufen!“, gestand Frau Treutner ein paar Tage später, als Helena sich auch die Kätzchen noch mal anschauen wollte. Molly saß auf dem Kratzbaum im Wohnzimmer und putzte sich, während Miezi es sich in einem zartlila Körbchen auf einem rosa Samtkissen bequem gemacht hatte. Helena musste sich ein Schmunzeln verkneifen, denn Frau Treutner verwöhnte ihre beiden vierbeinigen Hausgenossen fast wie die Enkelkinder, die sie sich schon lange wünschte, aber nicht bekam.
„Ich hole es bald nach, versprochen!“, sagte Frau Treutner zum Abschied mit einem Seitenblick auf Miezi. Doch auch in den nächsten beiden Wochen tat sich dahingehend nichts.
„Dränge sie doch nicht, die weiß schon, was sie tut!“, ermahnte Torben seine Frau. Helena indes wurde langsam ungeduldig, obwohl sie ihrem Mann natürlich recht gab. Sie hatte Frau Treutner die beiden Katzenbabys anvertraut, und sie kümmerte sich ja auch rührend. Sie war sogar schon beim Tierarzt gewesen, hatte Termine wegen Impfungen, Wurmkuren und der Kastration gemacht. Es gab also keinen Grund, misstrauisch zu sein.
Es dauerte noch drei weitere Wochen, bis Frau Treutner Helena auf einen Kaffee zu sich bat. Miezi kam ihr schon an der Tür entgegengeschlichen und warf einen sehnsüchtigen Blick auf Konrad, der brav auf der Terrasse wartete.

„Sie erinnert sich an ihn, wie schön!", freute sich Frau Treutner. „Kommen Sie, bringen Sie ihn mit rein!" Helena staunte. Frau Treutner hatte sie bislang eher als spröde erlebt, nun blühte die alte Dame sichtlich auf. Und Miezi und Molly erst! Molly thronte auf dem zweithöchsten Podest auf dem Kratzbaum, während Miezi nicht müde wurde, um Konrad herumzustreichen und leise zu maunzten.

„Wissen Sie, ich ruf keinen mehr an, ich gebe die Miezi nicht mehr her!", sagte Frau Treutner. „Ich habe mich so an die beiden gewöhnt, und denen gefällt es bei mir!" Molly setzte nun vorsichtig ein Pfötchen vor das andere und machte sich an den Abstieg, während Frau Treutner sie keine Sekunde aus den Augen ließ. „Wir sind schon ein richtig eingespieltes Team!", lachte Frau Treutner und nahm Molly zärtlich auf den Arm. Helena ging bei dem Anblick das Herz auf.

„Alles richtig gemacht!", lobte sie Torben später. „Den Katzenbabys geht's super, Frau Treutner ist glücklich über ihre neue Aufgabe als Katzenmama, Mara kann die Kätzchen besuchen, so oft sie will, und unser Konrad ist Dank der Lobeshymnen, die Frau Treutner auf ihn singt, der Held des Jahres! Was wollen wir mehr?"

Kleiner Hund und grosses Chaos

Ich hatte Caroline noch nie etwas abschlagen können. In den ganzen zwanzig Jahren unserer Ehe nicht. Trotzdem konnte ich mir Schöneres vorstellen als einen Hund.

„Ein Welpe, Frederick! Das ist doch noch kein richtiger Hund! Das ist ein Hundebaby, ein ganz süßes. Eines mit kugelrunden, riesengroßen Kulleraugen und einem fluffigen Fell!", schwärmte sie. Und während sie schwärmte, begannen ihre Augen zu leuchten wie schon lange nicht mehr. Seit unsere Tochter Miriam ausgezogen war, um zu studieren, schien Caroline immer etwas unglücklich zu sein. Dabei geht es Miriam prima; sie lebt in Berlin ein fröhliches Studentenleben und zwischen all den Partys studiert sie sicherlich auch. Nun, nach anderthalb Semestern, schien Caroline sich mit der neuen Situation endlich arrangiert zu haben und sie wendete ihre Aufmerksamkeit etwas Neuem zu. Leider ausgerechnet einem Welpen.

„Frau Heinrich kennt sogar eine Züchterin", schwärmte sie. Frau Heinrich war die Leiterin unseres Kirchenchors, in dem Caroline seit zehn Jahren mitsang.

„Und die Züchterin hat angedeutet, dass sie noch einen ganz besonders süßen Welpen aus dem letzten Wurf abzugeben hat. Kannst du dir vorstellen, dass die für ihn vorgesehenen Adoptiveltern einfach abgesprungen sind? Sie haben ihn erst nach Hause geholt, um dann nach nur einer Woche festzustellen, dass das alles nicht so passt. Da lassen die so ein Tier einfach im Stich! Unglaublich! Das weiß man doch vorher, auf was man sich da einlässt! Und glaub mir, er ist ein ganz süßer! Hier, schau mal!", sagte sie und drückte mir ihr Handy in die Hand, während mein Verstand noch an dem Wort „Adoptivel-

tern“ knabberte. Auch wenn Caroline alles gab, um mich von ihrer Idee, einen Hund anzuschaffen, zu überzeugen, so sah ich mich keinesfalls als Adoptiv-Vater eines Vierbeiners!
„Du willst doch jetzt nicht ernsthaft behauptet, Napoleon ist nicht der niedlichste kleine Hund, den du je gesehen hast?“, fragte Caroline mit diesem gewissen Unterton, der eigentlich keinerlei Widerspruch duldete.
Noch während ich ihr versicherte, dass ich besagten Napoleon selbstverständlich ebenfalls niedlich fand, riskierte ich einen Blick und stutzte! „Das ist nicht dein Ernst!“, entfuhr es mir wenig taktvoll. „Das ist ja ein ...“ Ich suchte nach einem passenden Wort für das kleine wuschelige Ding auf dem Bild.
„Napoleon ist ein Kleinspitz! Sagte ich das nicht? Du hörst mir nie zu!“, beschwerte sie sich prompt.
„Aha, ein Kleinspitz!“, echote ich wenig charmant. Das Fell erinnerte mich vage an einen Bettvorleger, den wir vor vielen Jahren besessen hatten. Nur war der Zwerg höchstens einen Bruchteil so groß. Er war echt winzig, schon auf dem Bild. Eine reichliche Handvoll Hund.
„Wenn wir wollen, können wir ihn schon ganz bald abholen!“, hörte ich Caroline schmeicheln. Plötzlich klang sie wie Miriam.
„Schön, dann eben ein Hund!“, gab ich nach und tröstete mich insgeheim damit, dass sie wenigstens keinen jagdversessenen Terrier oder Rottweiler ausgewählt hat. Ein Kleinspitz also, der sicher auch in ausgewachsenem Zustand nicht besonders groß wurde. Ich nahm mir vor, mich zu informieren, verließ mich aber insgeheim darauf, dass Caroline das tat. Schließlich war sie ja die treibende Kraft hinter allem.
„Dann könnt ihr ihn wenigstens problemlos überall hin mitnehmen!“, lachte Miriam, als ich ihr davon berichtete. Und leicht schmollend fügte sie hinzu: „Als ich damals einen Hund wollte, führte kein Weg rein! Aber kaum bin ich ausgezogen ...“
„Da warst du fünf und du wolltest den Rex aus dem Fernsehen!“,

unterbrach ich sie. „Einen ausgewachsenen Schäferhund! Und wir hatten damals nur diese kleine Dreizimmerwohnung!“
Plötzlich war ich richtig froh, dass Napoleon nur so ein Winzling war.

Als ich Napoleon dann das erste Mal sah, war es um mich geschehen. Mit seinen Kulleraugen hatte er mich sofort um die Pfote gewickelt. Vorsichtig tapste er auf uns zu, winselte leise, fiepte ein bisschen und dann hechelte er uns freundlich an.
„Ist er nicht süß!“, flüsterte Caroline und hörte gar nicht mehr auf, ihn zu streicheln.
Ich konnte nur nicken und war froh, als ich ihn endlich auch mal zu fassen bekam. Sein Fell war das Weichste, was ich je berührt hatte. Unfassbar, dass jemand diesen Zwerg nicht ins Herz schließen sollte.
Erna Hildebrand, die Züchterin zeigte uns ihr ganzes Haus, stellte uns auch die Hundemama vor, die für meine Begriffe recht wenig Interesse an dem kleinen Napoleon zeigte, und hörte nicht auf, uns Fragen zu stellen.
„Er sollte möglichst nicht allein bleiben!“, beschwor sie uns. „So ein kleiner Hund ist wie ein Baby, das würden Sie doch auch nicht allein lassen! Auch wenn Napoleon mit seinen 18 Wochen schon gar nicht mehr so winzig klein ist!“

Ich fragte mich, wie das gehen sollte, wir waren schließlich beide berufstätig. Doch Caroline hatte an alles gedacht.
„Ich nehme die erste Woche Urlaub, dann kommt ja Miriam endlich nach Hause, und dann ist Napoleon auch schon zwei Wochen bei uns, da klappt das schon! Außerdem kannst du ja dann auch mal aufpassen!“ Als Redakteur einer christlichen Wochenzeitschrift arbeitete ich bisweilen tatsächlich von daheim aus. Allerdings eher dann, wenn es mir im Büro zu hektisch wurde. Angesichts der schwarzen Kulleraugen sagte ich jedoch alles zu.

Dass Napoleon etwas wählerisch war, was das Futter betraf, nahm ich ihm nicht übel, schließlich esse ich auch nicht alles, was man mir so vorsetzt. Nur seinen Hang, uns ständig zwischen den Beinen herum zu wuseln, fand ich etwas lästig.
„Er ist eben anhänglich!“, verteidigte ihn Caroline.
Selbstverständlich bekam er beim abendlichen Fernsehen den besten Platz auf der hellblauen Plüschdecke auf Frauchens Schoß. Dort harrte er auch gern aus, ließ sich dann und wann ein Leckerli schmecken und genoss die Streicheleinheiten von Caroline. Fünf Mal täglich gingen wir mit ihm Gassi, meistens Caroline, weil sie sich mehr bewegen wollte, abends übernahm ich die Runde. Kein leichtes Unterfangen, denn Napoleon war eindeutig nicht gut auf andere Vierbeiner zu sprechen. Kaum witterte er einen anderen Hund, ging das Theater los: Er kläffte, lauter als man das so einem Zwerg zugetraut hätte. Dazu zerrte er an der Leine wie ein Großer. Ich hatte ganz schön zu kämpfen. Zum Glück fanden die meisten anderen Gassi-Geher sein Verhalten eher

lustig. „Was für ein süßer kleiner Kerl", hieß es nur, ernst nahm das Gekläffe keiner. Außer Frau Müller unter uns. Die beschwerte sich schon bald über Napoleon.

„Der Hund ist viel lauter als er aussieht!", stellte sie fest, während Napoleon kläffend an ihr hochsprang.

„Ich hab das Gefühl, er mag fremde Leute nicht besonders", sagte meine Tochter. „Er fremdelt irgendwie. Dafür ist er uns gegenüber aber sehr anhänglich!"

Auf jeden Fall kamen Miriam und Napoleon so gut miteinander aus, dass unser Zwerg fast mehr ausflippte als Caroline, als Miriam wieder abreiste. Zähneknirschend tröstete ich sie beide. Trotzdem freute ich mich auf meine erste Woche mit Napoleon. Ich arbeitete also am Montag den halben Vormittag, immer wieder mal unterbrochen von kleinen Pausen, in denen ich Napoleon alles möglich hinwarf, damit er es mir wiederbrachte, denn sonst ließ er mich nicht in Ruhe. Kleine Hunde, so begann ich zu ahnen, wollten offenbar den ganzen Tag nur spielen, wie kleine Kinder eben. Als mir ein Gesprächspartner, den ich für die übernächste Ausgabe interviewen wollte und an dem ich schon ein paar Wochen dran war, anbot, spontan vorbeizukommen, sagte ich bedenkenlos zu. Schließlich wusste ich ja, dass Miriam sich in der Vorwoche auch mehr als einmal mit ihren alten Freudinnen getroffen hatte, und auch Caroline hatte mir, zumindest wenn ich das richtig verstanden hatte, erzählt, dass sie beim Friseur war. Ich schnappte mir mein Diktiergerät, da war ich noch recht altmodisch, und freute mich auf das Interview mit dem Monsignore. Doch die Freude währte nur kurz, denn als ich nach zwei Stunden wiederkam, glaubte ich im ersten Moment an Einbrecher.

„So ein Zwerg kann doch nicht in so kurzer Zeit so ein Chaos veranstalten!", herrschte ich Napoleon an, der mir kläffend entgegensprang. Schon im Flur stolperte ich über Carolines Schuhe, die er mit seinem Kauknochen verwechselt hatte. Sie waren völlig hinüber, das erkannte ich sofort. Seine kleinen, spitzen Beißerchen hatten sich tief ins weiche Leder eingegraben, auch die Absätze hatten deutlich gelitten, einer war fast durchgekaut. Ein weiteres Opfer war mein Lieblingsschal, den hatte unser kleiner Feldherr nicht nur von der Garderobe gerupft, sondern beim Versuch auch gleich noch die auf der Flurgarderobe stehende Vase mit hinuntergezogen. Die war dann auf dem Parkett zerschellt, zum Glück hatte er sich dabei nicht verletzt. Doch meine Freude darüber schwand, als ich das Wohnzimmer betrat. Ich hätte zwar schwören können, dass ich die Tür geschlossen hatte, doch egal. Die Gardine hing wenigstens noch an der Stange, wenngleich leicht lädiert. Dafür war so ziemlich alles umgeworfen, was für ihn in Sprunghöhe erreichbar war. Schwanzwedelnd stand er nun neben mir und hechelte mich an. Erwartete er jetzt etwa, dass ich ihn für das Chaos auch noch lobte?

„Und wer räumt das jetzt wieder auf?“, herrschte ich ihn an, woraufhin er sich auf einmal still auf die Hinterpfoten setzte, mich mit seinen schwarzen Kulleraugen anstarrte und leise fiepte. Auch wenn ich es versuchte, solange ich ihn ansah, konnte ich nicht auf ihn böse sein. Hob ich meinen Blick, sah die Sache allerdings anders aus. Mit Napoleon im Schlepptau räumte ich auf, so gut es ging. Da jeder Gegenstand, den ich in die Hand nahm, für ihn ein potentielles Spielzeug darstellte, kam ich nur sehr langsam voran. Immerhin war das Wohnzimmer schon fast wieder in Ordnung, als Caroline nach Hause kam.

„Wie sieht es denn hier aus?“, fragte sie entgeistert. „Warst du das etwa, Napoleon?“

Ich verkniff mir die Bemerkung, dass ich für gewöhnlich kein solches Chaos anrichtete, wenn ich allein zu Hause war. In der Küche entdeckte sie dann auch noch ein Malheur.

„So weit war ich noch gar nicht!“, gab ich zu und besah mir den Schal.

„Der ist hin, wie meine Schuhe auch!“, stellte Caroline verdrießlich fest. „Wieso hast du Napoleon auch allein gelassen? Wir waren uns doch einig, dass er die ersten vier bis sechs Wochen ständig beaufsichtigt werden muss! Und zwar wirklich ständig, immer, verstehst du? Er kann in der Zeit nicht allein bleiben, gar nicht!“
Ich hatte es ja nun begriffen!
„Aber so geht das nicht, ich muss schließlich arbeiten, Artikel schreiben, auch mal zur Recherche raus!“, verteidigte ich mich. „Ihr wart ja auch weg, und da hat er nicht die Bude zerlegt!“
Caroline sah mich verständnislos an. „Wir haben ihn doch nicht allein gelassen, Miriam und ich! Das hätten wir nie getan! Schließlich haben wir uns ja informiert! Wir haben ihn mitgenommen oder was hast du gedacht?“
Nun sagte ich besser gar nichts mehr, sondern schaute auf Napoleon, der uns schon wieder zwischen den Beinen rumwuselte, und so langsam bekam ich eine Ahnung, was dem anderen Ehepaar möglicherweise missfallen haben könnte. Doch Napoleon zurückgeben? Niemals! Es musste eine andere Lösung her!
„Du kannst nicht immer Urlaub nehmen, und ich muss irgendwann auch normal weitermachen!“, fasste ich unser Dilemma zusammen. „Und mal davon abgesehen, dass ich keine Lust habe, jedes Mal hinter dem Hund herzuräumen, steigt uns irgendwann auch Frau Müller aufs Dach, denn Napoleon ist nicht wirklich leise!“
Caroline nickte zustimmend. „Wir können ihn nur, wenn es denn gar nicht anders geht, im Bad einsperren. Oder im Schlafzimmer, da kann er nicht viel kaputt machen!“
Gesagt, getan. Als ich mich zum zweiten Mal mit dem Monsignore zum Interview traf, sperrte ich Napoleon ins Schlafzimmer – und verbrachte den restlichen Abend damit, im Internet nach neuen Federbetten zu stöbern. Immerhin schaffte unser Staubsauger es in weniger als einer halben Stunde, das ganze

Gefussel wegzusaugen. Wer brauchte im Sommer schon eine dicke Decke? Wir mussten uns bis zur Lieferung mit einer dünnen Deko-Decke zufriedengeben. Angesichts der Staubsaugergeräusche kriegte sich sogar Napoleon wieder ein. Frau Müller dafür weniger, denn sie passte Caroline noch im Treppenhaus ab.
„Das war dann wohl nichts!", stellte diese dann ratlos fest und kraulte unseren kleinen Haustyrannen zärtlich hinter den Ohren. Der guckte uns an, als könne er kein Wässerchen trüben. So ein Schelm aber auch.
„Also das Bad?", fragte ich und zerbrach mir die halbe Nacht den Kopf, was er da wohl alles anstellen konnte. Miriam machte sich derweilen in Berlin so ihre Gedanken.
„Ihr braucht einen Hundeerziehungskurs!", erklärte sie uns. „Ich habe euch mal ein paar Links geschickt, auch zum Thema Hundesport! Wenn kleine Hunde sich langweilen, kommen sie bloß auf dummer Gedanken. Dem muss man so früh wie möglich entgegenwirken, noch ist es nicht zu spät. Am besten meldet ihr euch da gleich mal an!" Caroline machte gleich Nägel mit Köpfen und meldete uns an, jedoch starteten die Kurse erst in vier Wochen, der Hundesport sogar erst nach Abschluss des Grundkurses. Hundeerziehung, so lernte ich nun, war keine Sache von fünf Minuten. „Vier Wochen können ganz schön lang werden!", stöhnte Caroline.
„Das schaffen wir nun auch noch!", versprach ich ihr. „Ich versuche es morgen mal mit dem Bad!"
Am nächsten Nachmittag, Napoleon musste mein Vorhaben, ihn allein zu lassen, geahnt haben, denn er kläffte, was das Zeug hielt, änderte ich meine Pläne und nahm ihn mit.

Der Monsignore guckte nicht schlecht – und verriet mir bei der Gelegenheit gleich, wer im Vatikan zur Hunde- und wer zur Katzenfraktion gehörte! Nebenbei kraulte er Napoleon und freute sich immer wieder über meinen doch so braven, kleinen Hund. „Ganz bezaubernd, Ihr kleines Hundchen!“, lachte er und bot an, sich vor seiner Rückreise noch mal zu melden. „Aber dann bringen Sie ihn wieder mit, gell?“, fügte er hinzu.
Ich war sprachlos und machte mich mit dem bravsten Napoleon aller Zeiten auf den Heimweg. Unser Ausflug gefiel ihm offenbar so gut, dass er sich auch am restlichen Abend ausgesprochen ruhig verhielt. Dafür drehte er am Sonntag, wir waren morgens in der Messe, wieder tüchtig auf.
„Wenn der arme, kleine Napoleon solche Angst davor hat, allein zu bleiben, dann bringen Sie ihn in Gottes Namen doch einfach vorbei, wenn Sie wegmüssen!“, bot Frau Müller an. „Ich bin doch die meiste Zeit ohnehin daheim! Zumindest bis zum frühen Nachmittag, dann gehe ich zwei Mal die Woche in den Seniorenkreis. Und zur Messe gehe ich ja ohnehin lieber ganz früh, da bin ich sonntags zurück, ehe Sie wegmüssen!“
Während ich noch überlegte, bedankte sich Caroline. „Das ist ja großartig, Frau Müller!“, freute sie sich. „Das würde wirklich unsere Probleme lösen! Wissen Sie, Napoleon ist wie ein kleines Kind!“ Und wie zur Bestätigung, hechelte er uns auch ganz treu-brav an. „Sehen Sie?“, fragte Caroline und ich erwischte mich dabei, wie ich ihm tatsächlich zuraunte: „Alles wird gut, mein Kleiner, Papa und Mama kümmern sich schon darum!“

Die Legende von Milla und Strolch

„Guck mal, Mami!“, rief meine fast achtjähre Tochter Clara. Sie ist ein solcher Wirbelwind, dass ich sie schon hörte, wenn sie unten den Hausflur betrat. Und nicht nur ich, wie ich schon von Nachbarn gehört hatte. Zum Glück störte sich niemand ernsthaft an meinem temperamentvollen Kind.

„Guck mal, was ich hier habe!“, keuchte Clara und öffnete vorsichtig ihren roten Anorak. Ein kleines Köpfchen bahnte sich seinen Weg und ließ ein herzzerreißendes „Miau“ verlauten.

„Ist die nicht süß?“, fragte Clara atemlos, während mir tausend Fragen durch den Kopf schossen. Und zumindest eine davon stellte ich auch: „Wo hast du die denn her?“

„Von Leahs Mama!“, kam es wie aus der Pistole geschossen zurück. Leah war Claras allerbeste Freundin, die beiden waren praktisch zusammen aufgewachsen: Kinderkrippe, Kindergarten und seit einem Jahr besuchten sie die gleiche Klasse unserer örtlichen Grundschule. Dass Mariella, Leahs Mama, tatsächlich meiner Tochter ungefragt ein Katzenbaby mitgab, konnte ich mir kaum vorstellen.

„Sie hat gesagt, dass die kleine Katze übrig ist und sie niemanden hat, der sie nehmen will!“, lieferte mir Clara nun die gesuchte Erklärung. Indessen versuchte das Kätzchen immer lauter fauchend aus Claras Umklammerung zu entfliehen.

„Au, kratz mich nicht!“, maulte meine Tochter und ließ die Katze runter. „Sie will sich nur ein bisschen bewegen!“, erklärte sie mir.

„Weißt du, Schatz, wir hatten uns doch darauf verständigt, dass du nicht einfach so ein Tier anschleppen darfst!“, versuchte ich an Claras Verantwortungsgefühl zu appellieren, was mir nicht besonders gut gelang. Vielleicht weil sie eben doch noch ein wenig zu jung dafür war, vielleicht auch, weil die kleine Katze sie sichtlich ablenkte.

„Aber Mama!“, unterbrach mich Clara, noch bevor ich meinen Vortrag beendet hatte. „Das war ein Notfall! Leahs Mama wollte sie morgen ins Tierheim bringen!“ Dabei sah mich Clara so durchdingend an, dass ich schon fast meinte, sie hätte „Schlachthaus“ oder so gesagt.

„Im Tierheim wäre sie sicher gut aufgehoben!“, unternahm ich einen neuen Anlauf. „Weißt du, dort suchen sie nämlich Familien für die Tiere!“, erklärte ich ihr weiter. Clara kam sichtlich ins Grübeln.

„Was erzählst du da von Tierheim? Die suchen kein Zuhause, Annika, das ist Quatsch. Das sind Tierverwahranstalten! Wir haben Strolchi damals aus dem Tierheim geholt, weißt du nicht mehr?“, mischte sich nun leider mein Vater ein, der noch im Wohnzimmer auf seinen versprochenen Kaffee wartete. Hinter ihm rappelte es gehörig.

„Eine Katze?“, rief er erschrocken, als ihm Claras Mitbringsel zwischen den Füßen hindurchhuschte. „Wie kommt denn eine Katze hier herein? Her je, Kinder, ihr wisst doch, dass Strolchi keine Katzen mag!“

Mein Vater sauste davon und ich hörte es im Wohnzimmer gewaltig fauchen und kläffen. Clara stand indes nachdenklich neben mir.

„Siehst du, Opa sagt auch, dass es im Tierheim nicht schön ist!“, stellte sie klar.

„Ja, aber du hörst auch, was da drin los ist!“, gab ich wenig kinderfreundlich zurück. Nebenan war ein solcher Lärm, dass ich ernsthaft Angst um meine Möbel bekam. Zu Recht, wie sich schnell zeigte, denn im nächsten Moment schepperte es.

„Mist!“, hörte ich meinen Vater fluchen, und als ich die Tür aufriss, mit der festen Absicht, dem Tohuwabohu ein Ende zu bereiten, traute ich meinen Augen nicht. Die kleine Katze, die auf Claras Arm noch völlig harmlos und lieb wirkte, gebärdete sich wie eine Wilde, fauchte und kratzte immer wieder in Strolchis Richtung. Der Mischlingsrüde meines Vaters hatte bereits früher einmal eine unschöne Begegnung mit einem Kater hinter sich, die in mehreren Tierarztbesuchen und einer ausgewachsenen Katzenphobie gipfelte. Entsprechend hektisch und heftig setzte er sich zur Wehr. Und natürlich nahmen weder die noch namenlose Katze noch Strolchi Rücksicht auf meine Möbel.

„Papa, bitte, mach was!", rief ich entsetzt, als die Katze zum Sprung ansetzte und direkt neben der Vase landete, die daraufhin zu wanken begann und im nächsten Moment umfiel und in tausend Scherben zerbrach.

„Ach was, du konntest das Ding doch eh nicht leiden!", brummte Papa und bemühte sich, Strolchi einzufangen. „Sieh mal zu, dass du die Katze erwischst!", verlangte er. Clara stand in der Zimmertür und verfolgte das Geschehen sichtlich begeistert. Leider fühlte sie sich überhaupt nicht angesprochen, sodass ich also mein Glück versuchte. Nun sind Katzen nicht unbedingt mein Metier, eher Hunde, das merkte die kleine Katze wohl recht schnell. Sie entwischte mir ständig und wann immer ich nach ihr greifen wollte, hielt sie mich mit einem Tatzenhieb davon ab, ihr näher zu kommen.

„So wird das nichts!", stellte mein Vater fest.

„Clara, geh doch mal in die Küche und hole was zu Futtern aus dem Kühlschrank. Dann locken wir einen von beiden nach draußen!"

Meine Tochter folgte aufs Wort, allerdings war sie auch die Einzige. Während mein Vater versuchte, seinen Hund mittels einer Wiener Wurst aus dem Zimmer zu locken,

ließ die kleine Katze nicht locker. Im letzten Moment, Strolchi war schon fast an der Tür, machte sie einen Satz und schnappte ihm die Wurst vor der Nase weg. Wir waren so perplex, dass wir einen Moment brauchten, um uns zu sammeln. Leider nutzten die beiden das sofort aus und drängten an Clara vorbei, die daraufhin die Wohnzimmertür freigab. Als mein Mann dann noch die Wohnungstür aufschloss, war das Chaos perfekt: Beide Tiere entwischten ins Treppenhaus, wobei nicht ganz klar war, wer da eigentlich wen jagte.
„Was ist denn hier los?“, fragte Gabriel sichtlich verdattert.
„Clara hat eine Katze mitgebracht!“, erklärte ich ihm kurz, während mein Vater durchs Treppenhaus rannte. Immer seinem Strolchi hinterher. Die beiden verband eine inzwischen fünfjährige innige Freundschaft, keinen Schritt tat er normalerweise ohne seinen Hund. Nach seiner Pensionierung vor sechs Jahren hatten wir lange auf ihn eingeredet, sich doch endlich den Hund zuzulegen, von dem er immer geträumt hatte. Auch wenn bei mir der Hintergedanke mitschwang, dass mein Vater dringend jemanden brauchte, für den er verantwortlich war. Sein Job als Lehrer hatte ihm früher alles bedeutet, er war engagiert gewesen und hatte immer mehr getan als nötig. Damals fühlte er sich von jetzt auf gleich nicht mehr gebraucht, fast nutzlos. Da kam der kleine vernachlässigte und nicht erzogene Mischlings-

hund aus dem städtischen Tierheim gerade recht – Papa setzte alles dran, um aus ihm einen vorzeigbaren Hund zu machen, der aufs Wort gehorchte. Und wenn Strolchi nicht gerade auf eine Katze traf, die ihn anscheinend sämtliche Erziehungsmaßnahmen vergessen ließ, hörte er tatsächlich aufs Wort. Er war mit Abstand der wohlerzogenste Hund überhaupt und obwohl ich nicht unbedingt dafür war, Tiere in Wohnungen zu halten, so nahm ich ihn gern auf, wenn meine Eltern verreisten. Auch sonst war er oft bei uns zu Gast und noch nie hatte er irgendwas umgeworfen oder gar kaputt gemacht, dafür sorgte Papa schon. Da ich als Religionslehrerin auch oft nachmittags unterrichtete und Gabriel als Abteilungsleiter einer Bank ohnehin einen eher unregelmäßigen Feierabend hatte, halfen meine Eltern mehrmals in der Woche bei der Kinderbetreuung aus. Sehr zur Freude meiner Tochter, die nicht nur ihre Großeltern heiß und innig liebte, schließlich war sie deren einziges Enkelkind, sondern auch Strolchi in ihr Herz geschlossen hatte, obwohl sie uns seit Ewigkeiten wegen einer Katze in den Ohren lag.
Ich riss mich zusammen, draußen im Hausflur hörte es sich so an, als tobe ein Stellungskrieg. Es fauchte und bellte und dann mischte mein Vater auch noch mit, nur meine Tochter, die hörte ich gar nicht.
„Du, das musst du dir angucken!", zerrte mich mein Mann in den Hausflur. Unten hörte ich die ersten Wohnungstüren knarren, scheinbar hatten wir mehr Publikum als beabsichtigt.
„Dein Vater hat seine liebe Not, Strolchi vor der kleinen Katze zu beschützen!", lachte er. Das hatte er tatsächlich, ich folgte dem Radau bis zum Kellereingang, dort hatte die Katze unseren Strolchi fauchend in die Enge getrieben.
„Na, die beiden werden keine Freunde!", stellte Gabriel lachend fest, als es ihm endlich gelungen war, die Katze auf den Arm zu nehmen, ohne blutende Schrammen davonzutragen. „Eigentlich ist sie total kuschelig!", stellte er, oben angekommen, sogar

fest. Ich glaubte meinen Ohren nicht zu trauen. Klar, dass Clara ihm sofort zustimmte.
„Ja, Papa, und sie muss sonst ins Tierheim, wenn wir sie nicht aufnehmen!“, erklärte sie ihm theatralisch. Mein Vater verleierte die Augen und Strolchi winselte nur noch, während ich spürte, wie Gabriels Widerstand sank und ich zwischen die Fronten geriet.
„Also bleiben kann sie nicht!“, versuchte ich einen letzten Einspruch, doch der wurde vom Tisch gefegt. „Ach was, die beiden freunden sich schon noch an, du wirst sehen!“, beschwichtigte mich Gabriel, der es einfach nicht ertragen konnte, sein geliebtes Töchterchen den Tränen nahe zu sehen.
Leider behielt Gabriel nicht recht, im Gegenteil! Hund und Katz waren sich spinnefeind, Strolchi jaulte schon los, wenn er unsere Wohnung betreten sollte, und wir kamen überein, Milla, wie Clara ihre Katze genannt hatte, wegzusperren, sobald ihre Großeltern kamen. Gabriel hatte Milla das Bleiberecht erteilt, nachdem meine Rücksprache mit Leahs Mutter ergeben hatte, dass sie Milla keineswegs zurücknehmen konnten.
„Unsere Betsy erwartet auch gerade einen Wurf, da geht das leider wirklich nicht!“, erklärte sie mir. „Aber wieso fragst du eigentlich? Gibt's Probleme? Ich dachte, es sei alles klar?“
Ich hatte keine Lust auf lange Diskussionen, deshalb beendete ich das Gespräch schnellstmöglich. Obwohl mich schon interessiert hätte, welchen Bären ihr die Mädchen eigentlich aufgebunden hatten! Wie sonst hätte sie glauben können, dass Gabriel und ich plötzlich ganz scharf auf ein Katzenbaby waren? Jedenfalls blieben Hund und Katz verfeindet und wann immer sie aufeinanderstießen, gab es Theater. Nur meine Tochter blieb standhaft dabei, dass die beiden die besten Freunde überhaupt waren.
„Sie freunden sich schon noch an!“, behauptete sie steif und fest. Widerspruch zwecklos. Indes gedieh Milla prächtig, was man leider von ihrer Erziehung nicht behaupten konnte.

Mein Vater, der vielleicht noch die größte Erfahrung in Sachen Tiererziehung hatte, weigerte sich beharrlich, sich um Milla zu kümmern, da diese, wann immer möglich, über Strolchi herfiel. Und mein Mann und Clara waren einfach nicht besonders konsequent. Auf mich hörte Milla noch am ehesten, sofern man bei einer Katze davon sprechen konnte, dass sie überhaupt auf jemanden hörte. Jedenfalls kratzte sie mich nicht und schärfte in meinem Beisein ihre Krallen nicht an den Einrichtungsgegenständen.

„Sie weiß schon, warum!“, lästerte mein Vater. „Sonst fliegt sie raus! Ehrlich, ich wünschte, dieses Monster würde mal was anstellen, damit hier endlich wieder Ruhe herrscht!“

Papa war echt ärgerlich und genervt von Milla. Und ich war es langsam auch. Anders als Gabriel und meine Mutter, die sich schnell auf Claras Seite schlugen und die kleine Katze in ihr Herz schlossen.

„Sie ist doch so ein goldiges kleines Geschöpf, also wirklich! Strolchi sollte nicht so ängstlich sein! Er ist doch ein Hund, wie kann er denn da so ein Theater machen, nur weil ihn mal so ein winziges Kätzchen anfaucht!“

„Außerdem mögen sich die beiden sehr!“, behauptete meine Tochter zur Krönung noch.

Papa schnappte nach Luft und ich dachte auch, ich hätte mich verhört. Milla war zwar tatsächlich ein winziges Kätzchen, aber ein überaus kämpferisches. Und ihre Krallen wollte ich auch nicht gern zu spüren bekommen. Aber das sagte ich natürlich nicht, stattdessen hoffte ich auf Besserung.

Ich hoffte ein paar Monate lang, in denen sich die Nachbarn und wir uns langsam an das Hund-Katz-Trauerspiel gewöhnten. Ich wurde an manchen Tagen bereits unten im Hausflur abgefangen. „Ihre Eltern sind mit dem Hund wohl heute gar nicht da?“, fragte dann immer Frau Naumann ganz neugierig. „Es war so ruhig!“

Ich verkniff mir jede Bemerkung, vor allem an jenem Tag, als ich eine gute Stunde früher als geplant nach Hause kam. Clara saß in ihrem Zimmer und bastelte fröhlich an einer Hausaufgabe. Mein Vater döste derweilen im Wohnzimmer vor sich hin. Vorsichtig machte ich mich auf die Suche nach Strolchi und Milla und fand beide in der Küche – Milla vor der Katzenklappe und Strolchi dahinter, es sah fast so aus, als ob sie miteinander kuschelten.
„Das machen sie jetzt immer öfter!", flüsterte mir Clara zu, die mir leise gefolgt war. „Vielleicht werden sie ja doch noch richtige Freunde!"
Die Gelegenheit dazu bot sich Milla und Strolchi, als meine Eltern in den Urlaub fuhren. Meine Nerven lagen vorher schon blank bei der Vorstellung, zwei ganze Wochen lang vierundzwanzig Stunden am Tag die beiden voneinander trennen zu müssen. Wir sperrten sie morgens in verschiedene Zimmer – und hofften das Beste. Dank unserer Frau Naumann aus dem Erdgeschoss wurde ich auch über jede Lärmveränderung im Laufe des Tages auf dem Laufenden gehalten – und war überrascht. Es passierte rein gar nichts. Hatten die beiden sich also aneinander gewöhnt? Den endgültigen Beweis lieferte uns ein Gewitter, das mit Blitz und Donner sogar Clara in Angst und Schrecken versetzte. Und das mitten in der Nacht. Sie krabbelte jedenfalls zu uns ins Bett und ließ dabei natürlich ihre Zimmertür offen, was Milla erlaubte zu türmen. Gabriel hörte

sie über den Flur sausen und sprang schnell hoch und hinterher. Wenige Sekunden später kam er zurück.
Kommt, schnell, das müsst ihr euch angucken!“, sagte er. Wir folgten ihm neugierig. In der Küche lag Milla ganz dicht an Strolchi gekuschelt, der sie bei jedem zuckenden Blitz liebevoll abschleckte!
„Die haben sich wirklich angefreundet!“, stellte Gabriel kopfschüttelnd fest. „Und uns was vorgemacht! Wer weiß, wie lange schon!“
Von dem Tage an sperrten wir Milla und Strolchi jedenfalls nicht mehr in getrennte Zimmer – und es klappte ganz hervorragend. Als meine Eltern aus dem Urlaub kamen, waren Hund und Katz unzertrennlich. So sehr, dass Milla ganz kläglich miaute, als meine Eltern Strolchi mit nach Hause nahmen.
Doch noch mehr überraschte mich allerdings die Tatsache, wie schnell sich Papa dann mit Milla anfreundete.
„Strolchis Freunde sind auch meine!“, kommentierte er seinen Sinneswandel und ließ es sich nicht nehmen, Milla jedes Mal ein Leckerli mitzubringen.
„Vielleicht hätte man das schon früher versuchen sollen?“, unkte Gabriel. Doch ich winkte ab. Ich wollte es gar nicht mehr wissen. Es war Ruhe eingekehrt – endlich!

FOTONACHWEIS

Titelbild: © Liliyana Kulianionak / shutterstock; Seite 9: © Eric Isselee / Fotolia; S.13: © Countrypixel / Fotolia; S.16, 19: © Africa Studio / Fotolia; S.24/25: © Vera Kuttelvaserova / Fotolia; S.29: © byrdyak / Fotolia; S.34: © jagodka / Fotolia; S.39: © Kseniya Abramova / Fotolia; S.43: © callipso88 / Fotolia; S.48: © javier brosch / Fotolia; S.55: © olhastock / Fotolia; S.61: © Alexandr Vasilyev / Fotolia; S.64: © Evdoha / Fotolia; S.69: © Springoz / Fotolia; S.73-78: © Ermolaev Alexandr / Fotolia;